Los chistes más Chin...

Los chistes más Chin...

Ediciones Viman, S.A de C.V.,
Nicolás San Juan 1043, Int. 1, Col. Del Valle,
03100, México, D.F.

© Los chistes más chin...

Diseño de Portada: Karla Silva
Formación tipográfica: Rafael Tato Garibay
Supervisión de producción: F. Ramón Mendoza y Christian Falcón

© Ediciones VIMAN, S.A. de C.V.
**Nicolás San Juan 1043, Int. 1, Col. Del Valle
03100, México. D.F.**

Miembro de la Cámara Nacional de la Industria
Editorial Mexicana - Reg. Núm. 3427

©Primera edición, septiembre 2011

D.R. Derechos Reservados
ISBN: 978-607-485-034-5

Queda estrictamente prohibida la reproducción parcial o total de esta obra, bajo ninguna forma o por ningún medio, electrónico ni mecánico, incluyendo fotocopiado y grabación, ni por ningún sistema de almacenamiento y recuperación de información sin el consentimiento previo y por escrito de la casa editorial.

Impreso en México
Printed in Mexico

La importancia de los signos ortográficos

Julio Cortázar escribía: "La coma, esa puerta giratoria del pensamiento". Lee y analiza la siguiente frase:

"Si el hombre supiera realmente el valor que tiene la mujer andaría en cuatro patas en su búsqueda".

Si eres mujer, con toda seguridad colocarás la coma después de la palabra mujer:

"Si el hombre supiera realmente el valor que tiene la mujer, andaría en cuatro patas en su búsqueda".

Si eres varón, con toda seguridad colocarás la coma después de la palabra tiene:

"Si el hombre supiera realmente el valor que tiene, la mujer andaría en cuatro patas en su búsqueda".

Uno de locos

En el jardín de un hospital psiquiátrico se reúnen a platicar seis loquitos: un zoofílico, un sádico, un asesino, un necrófilo, un pirómano y un masoquista. Sin saber qué hace con tanto tiempo libre, el zoofílico rompe el silencio con una idea que le parece brillante:

–¿Y si nos cogemos un gato?

Entonces el sádico dice:

–¡Perfecto!, vamos a cogernos al gato y después lo torturamos…

En eso, interrumpe el asesino:

—¡Vamos a cogernos al gato, torturarlo y después lo matamos!

Bastante excitado, el necrofílico dice:

—¡Vamos a cogernos al gato, torturarlo, matarlo y después no lo echamos de nuevo!

En eso el pirómano comenta:

—¡Sale, vamos a cogernos al gato, torturarlo, matarlo, lo volvemos a coger y después le prendemos fuego!

Todos emocionados por el plan se frotan las manos, pero observan que el masoquista no manifiesta nada y le pregunta:

—¿Y tú no dices nada guey?

Entonces el masoquista emocionado les dice:

—¡Miauuuuu!

El Negro

Dos malandrines llegan a un rancho arrastrando a un pobre tipo. Adentro, hay un negro de 1.98 m y 130 kg –mezcla de indio yaqui con africano–, limpiándose las uñas con un cuchillo cebollero.

—Oye pinche negro, el jefe pidió que te cojas a este cabrón, para que aprenda a no hacerse el machito con nuestra banda.

—Déjenlo ahí en un rincón, que más tarde me lo chingo.

Cuando los malandrines se van el tipo le dice al negro:

—Por favor señor, no me haga eso, si usted lo hiciera mi vida se termina, tenga piedad por el amor de Dios.

—Cállate el hocico guey y quédate quieto ahí.

Al rato vuelven los malandrines con otro pobre pendejo.

—Negro, el jefe pidió que a éste le cortes las dos manos y le perfores los ojos, para que aprenda a no tocar la lana de la venta de drogas.

—Déjalo ahí, que dentro de un rato me encargo.

Una hora después traen otro cabrón.

—Negro, a este le cortas los huevos y la lengua para que nunca más se meta con las mujeres del barrio.

—Perfecto, déjalo ahí en el rincón con los otros.

Finalmente traen a otro.

—Mira negro, a este lo cortas en pedacitos y mandas cada pedacito para la familia.

En ese momento, el primer tipo le dice al negro, en voz baja:

—Señor negro, por favor no se vaya a confundir: ¡Al que se va a coger es a mí! ¿OK?

Moraleja: A medida que conoces los problemas de los demás, te das cuenta que el tuyo NO ES TAN GRAVE.

Abogados:

Un jefe de la mafia descubrió que su contador había desviado 10 millones de dólares de la caja. El contador era sordomudo, motivo por el que fue admitido en el trabajo, pues como no podía hablar ni oír nada, en caso de una eventual detención y proceso, no podría actuar como testigo.

Cuando el jefe le fue a preguntar por los 10 millones, llevó consigo a su abogada, que conocía el lenguaje de las señales de los sordomudos. El jefe pregunto al contador:

–¿Donde están los 10 millones que te llevaste?

La abogada, usando el lenguaje de las señales, le hizo llegar la pregunta al contador, que a su vez respondió con señales.

–Yo no sé de qué están hablando.

La abogada lo tradujo para el jefe.

–Él dice que no sabe de qué le hablamos.

El mafioso saco una pistola calibre 45 y apuntó a la cabeza del contador, gritando:

–¡Pregúntale de nuevo!

La abogada, por señales, le dijo:

–Él te va a matar si no le cuentas dónde está el dinero.

El contador respondió con señales:

–Está bien, ustedes ganan, el dinero se encuentra en una valija marrón de cuero, que está enterrada en el jardín de la casa de mi primo Enzo, en el Nº 400 de la calle 26, bloque 6 del barrio de Santa Marta.

El mafioso le preguntó a la abogada.

–¿Qué dice?

–Dice que no tiene miedo de morir y que a usted le faltan huevos para apretar el gatillo… –dijo la abogada.

MORALEJA:

Los contadores son gente de cuidado y hay que respetarlos, ¡pero NUNCA se metan con un abogado…!

¿Bailamos?

Comenzó la música y un borracho, que estaba sentado, vio a una señora de negro que se encontraba frente a él. Tambaleante, se aproximó y le dijo:

–¡Hic!... Mi negra, ¿me da el placer de esta melodía?

–¡No!

–¡Hic!... ¿Y por qué no preciosa?

"La negra" le contestó:

–Pues por cuatro motivos: primero, porque usted está borracho; segundo, porque esto es un velorio; tercero, porque el Ave María no se baila; y cuarto, porque "mi negra" será tu madre, ¡YO SOY EL CURA!

Adiós papá

Una noche, un padre escucha mientras su hijo reza:

–Dios bendiga a mami, a papi y a la abuela. ¡Adiós abuelo!

Al padre le parece extraño, pero pronto se le olvida. Al día siguiente, el abuelo muere. "Seguro fue una casualidad", se dice el padre. Casi tres meses después, el padre escucha mientras su hijo reza antes de dormir:

—Dios bendiga a mami y a papi. ¡Adiós abuela!

Al día siguiente, la abuela muere. Ahora el padre se encuentra hondamente preocupado, sospecha que el pequeñín tiene un don especial, poderes extrasensoriales que la ciencia y la razón no pueden explicar. No obstante, su preocupación llega a su punto máximo cuando dos semanas después escucha de nuevo al hijo mientras reza de noche:

—Dios bendiga a mami. ¡Adiós papá!

Al padre casi le da un infarto cuando lo escucha pero lucha por guardar la calma; respira hondo y se dice a sí mismo que puede haber una oportunidad. No lo comenta con nadie, pero pasa la noche en vela, pidiendo perdón por todos sus pecados; se baña, desayuna bien temprano y se va directo al trabajo, para evitar accidentes con las mamás que en el último minuto llevan a sus hijos a la escuela mientras hablan por celular y se maquillan. Se queda todo el día trabajando y cena en el trabajo. Regresa a su casa recién pasada la medianoche y ¡sigue vivo! Cuando llega, lo primero que hace es disculparse con su mujer:

—Perdóname cariño, ¡tuve un día terrible!

—¿Qué tú tuviste un día terrible? —reclama su esposa— El de nosotros fue peor, ¡hoy el lechero se murió en la puerta de la casa!

Decisión extrema

El esposo estaba en estado de coma; salía y entraba de ese estado por meses y, aún así, su mujer permanecía a su lado, todos los días. Un día, que él despierta, le pide a su mujer que se acerque y, con lágrimas en los ojos, le dice:

–He estado pensando y... ¿sabes qué?, siempre has estado a mi lado en cada momento malo: Cuando fui despedido del trabajo, estabas conmigo; cuando mi negocio quebró estuviste ahí; cuando me balearon, estuviste a mi lado; cuando perdimos la casa, te quedaste aquí mismo; cuando mi salud empezó a decaer, estabas al pie de mi cama. ¿Sabes qué?

–¿Qué querido? –preguntaba ella sonriendo, a medida que su corazón se llenaba de ternura.

–Me traes mala suerte... ¡Sácate a la chingada pinche vieja salada!

Unos rápidos

–¿Sabías que cada hombre que hace el amor con mi mujer se queda sordo?

–¿Qué?

+ + +

¿En qué se parecen los trenes eléctricos y los senos?

Los dos son para los niños, pero casi siempre son los hombres los que terminan jugando con ellos.

✢ ✢ ✢

¿Cuáles son las dos cosas en el aire que pueden hacer que una mujer se embarace?

Sus pies.

✢ ✢ ✢

¿Cuál es la diferencia entre oh y ah?

Alrededor de 8 centímetros.

✢ ✢ ✢

¿Sabes cómo funciona la nueva píldora para el día después para hombre?

Cambia su tipo de sangre.

✢ ✢ ✢

¿Qué es cuando un hombre dice cochinadas a una mujer?

Acoso sexual.

¿Y cuando una mujer dice cochinadas a un hombre?

Un dólar por minuto.

✢ ✢ ✢

¿Qué le preguntó un elefante a un hombre desnudo?

¿¡Y con eso respiras!?

✢ ✢ ✢

¿En qué se parecen el dominó a la masturbación?

En que si tienes una buena mano no importa lo que haga tu pareja.

✢ ✢ ✢

Era tan malo, tan malo, que un día, en vez de hacer el amor hizo el odio...

✢ ✢ ✢

¿En qué se parecen Osama Bin Laden y el pene?

Los dos son barbados, se mantienen escondidos y dicen que son muy ricos.

✢ ✢ ✢

Se encuentran dos compadres:

—Oye, tengo una botella en mi casa, si quieres nos la chupamos.

—Claro, y después nos tomamos la botella.

✢ ✢ ✢

Los ciegos no creen en el amor a primera vista.

✢ ✢ ✢

Una vez un condón abrió su closet y dijo:

—¿Y ahora qué pitos me pongo?

✢ ✢ ✢

—Oye, Pepe, ¿tu mujer cuando hace el amor, grita?

—Joder si grita la cabrona, ¡hay días que la oigo desde el bar!

✢ ✢ ✢

¿En qué se parecen los testículos a los guardaespaldas?

En que siempre van a los mejores lugares, pero nunca entran.

✢ ✢ ✢

Había una vez un matrimonio que tenía una hija llamada "Torcida". Una noche los padres de la niña estaban teniendo relaciones sexuales. De repente Torcida comienza a sentir unos ruidos muy extraños que venían desde el cuarto de sus padres. Entonces entra al cuarto y su mamá dice:

–Entró Torcida.

Y el papá le contesta:

–¿Y qué quieres que te la meta con regla?

✛ ✛ ✛

Una jovencita regresa del colegio y le dice a su padre:

–¡Papá, a la salida del colegio había un hombre y me dijo que si se la chupaba me regalaba este reloj!

✛ ✛ ✛

Dos amigos casados platicaban:

–Oye, ¿a tu mujer le das por el otro lado?

–No jodas, ¿para que quede embarazada?

✛ ✛ ✛

–Hola, ¿me da un condón?

–Oiga, por favor, que hay aquí dos señoras.

–Bueno, pues entonces deme tres. Más vale prevenir que amamantar.

✛ ✛ ✛

Antes todos gozaban de salud, hasta que salud quedo embarazada.

✛ ✛ ✛

Era un matrimonio de maicitos, y en su noche de bodas la novia maicita se desnudó. El novio maicito estaba tan, pero tan caliente, que se hizo palomita.

✦ ✦ ✦

—Mi marido es tocólogo.

—Pues el mío es meteorólogo.

—¡Qué suerte tienen algunas!

✦ ✦ ✦

Llega un borrachito a una cafetería y pide:

—Señorita, ¿me fríe unas manos mientras me lavo los huevos?

✦ ✦ ✦

Yo hago siempre el amor con preservativos, pero preferiría hacerlo con una mujer.

✦ ✦ ✦

Un gringo llegó a un prostíbulo y cuando acabó su función le dijo a la prostituta:

—Si hinchar barriga a los 9 meses ponerle George.

Y la vieja le dijo:

—Si hinchar pito al mes ponle penicilina.

✦ ✦ ✦

Un desconocido a una desconocida en un bar:

—Quiero hacerle el amor.

—Señor, no se confunda.

—Bueno, pues lo haremos sin funda...

Un tipo rellena un formulario y lo entrega con la casilla de "sexo" vacía.

—Oiga, aquí debe poner una H o una M.

—Pero es que a mí me da igual.

✜ ✜ ✜

Están dos amigos y uno le dice al otro:

—Oye, ¿sabes que la tengo como un joystick?

—¿Cómo?, ¿con la punta roja?

—No, con los dedos marcados.

✜ ✜ ✜

Dice un niño a su padre:

—Papá, ¿los cuernos se quitan?

—No, hijo, los cuernos se ponen.

✜ ✜ ✜

Mi mujer es un objeto sexual, porque cada vez que me apetece hacerlo ella objeta algo.

✜ ✜ ✜

El valiente vive, hasta que lo sorprende su compadre.

✜ ✜ ✜

Lo malo de ser mujer esquimal es que pasas una noche con tu novio y al día siguiente te levantas embarazada de 6 meses.

✜ ✜ ✜

—Veo en su ficha que es soltero. ¿Tiene actualmente alguna relación monogámica?

—Sí, bueno, en realidad tengo varias.

✧ ✧ ✧

Un zancudo le dice a otro:

—Oye, ¿y para qué quieres ese condón?

—Sólo por si las moscas.

✧ ✧ ✧

—¿Jugamos al vivo y al muerto?

—Y, ¿cómo se juega?

—Tú te tumbas en el suelo y te haces la muerta, entonces yo me tumbo encima y me hago el vivo.

✧ ✧ ✧

—Mamá, ya me quiero casar con el Javi...

—Esa es una decisión muy seria, hija. ¡Medítelo!

—¡Ay, mamá! Ya me lo medí y me queda justito.

✧ ✧ ✧

—Padre, he cometido el pecado de la carne.

—Es grave, hijo mío. ¿Cuántas veces?

—¡Padre, yo he venido a confesarme no a fanfarronear!

¿Cuál es la diferencia de amistad entre hombre y amistad de mujeres?

Mujeres: La esposa pasó la noche fuera de casa. A la mañana siguiente, ella le explica su marido que había dormido en la casa de su mejor amiga. El marido entonces llama por teléfono a las diez mejores amigas de su esposa. Ninguna de ellas confirmó la historia.

Hombres: El marido pasó la noche fuera de casa. A la mañana siguiente, él le explica a su mujer que había dormido en la casa de su mejor amigo. La esposa entonces llama por teléfono a los diez mejores amigos de su esposo... Siete de ellos confirmaron la historia, y los tres restantes, además de confirmarla, dicen que el todavía está allá.

¡Eso es amistad!

Mujer tomadita

Anoche salí con mis amigas a una "reunión". Yo le dije a mi marido que regresaría a casa a las 12 en punto. "Te lo prometo", le dije, pero la "reunión" estuvo muy bien, copitas, bailecito, más copitas... y se me fue la hora. Resulta que llegué a casa a las 3 a.m. completamente borracha. Acababa de entrar y el pajarito del reloj cucú hizo "cu-cu" tres veces. Al darme cuenta que mi marido se iba a despertar por ese sonido, grité "cu-cu" otras 9 veces más... Me quedé tan orgullosa y satisfecha por haber tenido, de pronto, aunque borracha, una idea tan buena para evitar pelea con mi marido. Me acosté de lo más tranquila pensando en lo inteligente y viva que soy.

Por la mañana, durante el desayuno, mi marido me preguntó a qué hora había llegado y le contesté que había llegado a las 12 en punto, tal y como le había prometido. Él, de momento, no dijo nada ni me pareció desconfiado. "¡Qué bien! ¡Salvada!", pensé yo. Entonces él me dijo:

–Ah... tendremos que cambiar nuestro reloj cucú.

Temblorosa le pregunté

–¿Sí? ¿Y por qué mi amor?

Y me dijo:

–Bueno, anoche el reloj hizo "cu-cu" tres veces... Luego, no sé cómo, gritó "¡mierda!"... Después hizo "cu-cu" cuatro veces más, vomitó en el pasillo, hizo "cu-cu" otras tres veces... se cagó de risa, y otra vez hizo "cu-cu"... salió corriendo, pisó al gato, rompió la mesita de la esquina de la sala, se acostó a mi lado dando el último "cu-cu", se tiró un pedo y se durmió.

Tercera edad

Una pareja de ancianitos llega a un restaurante. El viejecito llenaba a la ancianita de atenciones, y se dirigía a ella con palabras de inmenso cariño:

–Ven, mi vida... Siéntate, mi cielo... ¿Estás a gusto, reina?... ¿Qué quieres pedir, ángel?

El mesero observaba aquello y estaba impresionado. Poco después, la viejecita se levantó de la mesa para ir al baño. El mesero, sin poder contenerse, encara al ancianito y le pregunta:

—Perdone usted la indiscreción, ¿cuántos años tienen ustedes de casados?

—Estamos celebrando 65 años de matrimonio.

—¡Caramba, señor! —dice el mesero—. ¡Estoy conmovido! ¡Sesenta y cinco años de casados, y con cuánto amor le habla usted a su esposa!: 'Mi vida... Mi cielo... Mi reina... Mi ángel...'

El viejecito le pide al mesero que se acerque y con tenue voz responde:

—¡Es que ya no me acuerdo cómo se llama...!

Urgente

Una mujer llega a casa muy apresuradamente, rechina las llantas de su auto en la entrada, corre dentro de la casa tirando las puertas y grita a todo pulmón a su marido:

—¡Apúrate!, ¡empaca tus maletas! ¡Me gané el melate!

El marido responde entusiasmado:

—¡Dios mío!..... ¿Qué debo empacar? ¿Ropa de playa o de montaña?

Y ella responde...

—¡No importa pendejo! ¡Sólo empaca y lárgate a la chingada!

Las 22 etapas de una buena peda

Etapa 1. Copeo leve con botana.

Etapa 2. Copeo fuerte sin botana.

Etapa 3. Exaltación de la amistad y el parentesco.

    3.1 Mutuas gracias y virtudes

    3.2 Te quiero como a un hermano (a).

    3.3 Antes me caías mal, pero ahora...

    3.4 Te digo esto porque somos cuates, ¿o no?...

Etapa 4. Cantos alegóricos y bailes regionales

    4.1 Fuera inhibiciones

    4.2 Eso se baila así...

Etapa 5. Las netas y los me cae's

Etapa 6. Aumento de la temperatura y acoso sexual

    6.1 Autopresentación con desconocidos

    6.2 Llamadas reveladoras a los (a) ex: "No puedo dejar de pensar en ti".

    6.3 Miradas de odio a quien bateo al amigo (a).

Etapa 7. Revelación de la verdadera personalidad

    7.1 El simpatías o mil chistes

    7.2 El superdotado

    7.3 El políglota

7.4 El corriente

7.5 El trotamundos o viajero

7.6 El depresivo

7.7 El mil ligues

7.8 El filósofo

Etapa 8. Degradación del idioma

Etapa 9. Vituperios al Clero y al Estado

Etapa 10. Autosuficiencia moral y económica

10.1 Me vale madre

10.2 Yo pago

10.3 Yo manejo

Etapa 11. Transmisión de la culpabilidad

11.1 Algo le echaron a las cubas

11.2 Es el hielo, algo le pusieron

Etapa 12. Repentina pérdida del equilibrio

12.1 Caída libre o resbalones (es que eso no estaba ahí)

Etapa 13. Caída del sistema

13.1 Ya valió, ando bien pedo

13.2 ¡Chín! ya la volví a cagar

Etapa 14. Destrucción del inmueble

14.1 Pérdida total de la memoria caché... sentado en el bar con cara de pedote.

Etapa 15. Difícil desalojo del inmueble

15.1 Yo no me quiero ir... ¡estoy bien!, ¡me cae!

15.2 Me voy, pero cuando yo diga.

Etapa 16. Devolución de la botana

16.1 Abrazo al ídolo de porcelana... o donde te sostengas

Etapa 17. Haciendo tierra o tirando el ancla

Etapa 18. Taquicardia y delirio de persecución

Etapa 19. Amnesia, cruda moral y juramentos posteriores

19.1 Estado "CREDO"

19.2 ¿Qué soy novio (a) de quién?

19.3 ¿Qué besé a quién?

19.4 ¿Qué me acosté con quién?

19.5 ¿Yo dije eso?... ¡No mames!

19.6 Neta güey... no me acuerdo de nada...

19.7 ¿Y ahora qué voy a decir en mi casa?

Etapa 20. Recuento de los daños

20.1 ¿Y mi celular?

20.2 ¿Quién me quemó con un cigarro?

20.3 ¿Y ese moretón güey?

20.4 ¿Dónde están las putas llaves?

Etapa 21. No vuelvo a chupar...

Etapa 22. ¿Por qué les hice caso?, no hubiera ido.

El loro bíblico

Estaba una madre festejando su cumpleaños número 80 esperando saber de sus tres hijos quienes, a muy corta edad, se fueron del hogar en busca de una mejor vida. Los tres adoraban a su madre, y por ello le hicieron llegar desde el lugar donde se encontraba cada uno, un regalo digno para ella.

El primero de ellos le hizo llegar un juego de llaves y la nueva dirección de su casa. Estaba localizada en el barrio más prestigiado de la ciudad, además contaba con 10 habitaciones, jardines y alberca techada.

El segundo de sus hijos, pensando en que su madre ya no debería salir a la calle caminando, le hizo llegar un Mercedes Benz último modelo con chofer para que llevara a su madre a donde ella quisiera y cuando ella lo deseara.

El tercero, sabiendo que la verdadera pasión de su madre era la religión, y que su vista cansada ya no la dejaba leer como antes, compró un loro que se sabía de principio a fin la Biblia. Este loro fue educado en un monasterio europeo y le tomó más de 50 años a diversos monjes el enseñarle todos y cada uno de los pasajes del Antiguo y Nuevo Testamento. Así pues, su madre podría sentarse todas las tardes con el animal y decirle qué fragmento del gran libro quería escuchar para no tener que leerlo.

Un año después, los tres hijos lograron juntarse para visitar a su madre en su cumpleaños. La madre estaba feliz de poder ver de nuevo a sus tres hijos.

Después de abrazarlos, besarlos y decirles lo mucho que los extrañaba, todos se sentaron a su lado y le preguntaron si le habían gustado los regalos. Ella con toda ternura les respondió:

—Abraham, la casa en la que ahora vivo es preciosa. Lamentablemente me la paso casi todo el día limpiando los 10 cuartos, y la alberca no la puedo usar porque me da miedo el agua. Yo sólo ocupo una de las habitaciones, pero te agradezco de cualquier forma el detalle de recordarme. Moisés, el auto que me mandaste es precioso, y el chofer sumamente atento conmigo, pero a mí ya me da miedo salir en la ciudad. Ya no hay seguridad y prefiero quedarme en casa. No obstante, agradezco tu gesto. Y tú, Benjamín, siempre has sabido lo que más me gusta; tu regalo sí que lo aproveché… ¡Esa misma tarde invité a doña Petrita y juntas disfrutamos mucho del mole que preparé con el ave que me enviaste!

Preguntas de exámenes de admisión de las diversas facultades de la Universidad:

Derecho

¿Ha visto Legalmente Rubia 1 y 2?

SI ___NO__

¿Sabe robar?

SI ___NO__

Eso es todo

Ingeniería

¿Usted toma?

SI ___NO__

¿Mucho, mucho?

SI ___ NO___

¿En verdad?

SI ___ NO___

¿Asistirá a las pedas de la Facultad?

SI ___ NO___

¿Conoce al menos 20 palabras altisonantes?

A HUEVO ___ NO___

(Nota: Altisonantes quiere decir que saben hablar puras pinches pendejadas y groserías de mierda.)

Filosofía

¿Cuál es el sentido de la vida?_____

¿Qué piensa usted del capitalismo?_____

¿Quién es usted?_____

¿Cree en Dios? ¿Por qué?_____

¿Cuál es el sonido de la palma de una mano?_____

Si un árbol cae y no hay nadie cerca, ¿produce sonido?

SI ___ NO___

¿Qué es el alma?_____

¿Somos o no polvo en el viento?_____

¿Somos o nos hacemos?_____

¿Existes?_____

¿Y nosotros?_____

¿Y esta escuela?_____

Si todo producto de la imaginación ¿De cuál fumaste?_____

¿La compartirías con tus compañeros?_____

¿Sabes que el pasto no se fuma?

SI ___NO__

Si se hunde un barco y hay que subir a un especialista en el bote salvavidas, ¿a quién meterías?

Ingeniero __ Doctor __ Filósofo ___

¿Ha leído a Platón, Nietszche, Aristóteles, Sócrates, Maquiavelo, Rosseau, Sade, Marx, Mc. Luhan, J.K. Rowling, Pitágoras, Paul Kennedy, Francis Fukuyama, Antony Giddens, San Agustín, Santo Tomás de Aquino, Samuel Huntintong, Octavio Paz, José Vasconcelos, Heidi y Alvin Toffler, Rius, Hegel, Kant, Tales de Mileto, Sartre, Russel, Descartes, Leibniz, Bacon, Hobbes, San Anselmo, Husserl, Wittgenstein, Confucio, Beauvoir, Montaigne, Heiideger, Spencer y Voltaire?

SI ___NO__

¿Tiene para pagar la colegiatura?

SI ___NO__ (Esta pregunta tiene un valor del 99% del examen)

Arquitectura y Bellas artes (hombres)

¿Es usted joto?

SI___ (pague en la caja) NO____ (Pase a la siguiente pregunta)

Ya en serio, ¿es joto?

SI ___ (pague en la caja) No ___ (Pase a la siguiente pregunta)

Déjese de mamadas y conteste, ¿es joto?

SI ___ (pague en la caja) NO____ (Pase a la siguiente pregunta)

¡Ya, salga del closet, desinhíbase y responda!, ¿es joto?

SI___ (pague en la caja) NO___ (Pase a la siguiente pregunta)

¿Quiere estar en esta facultad?

SI___ (entonces es Joto, pase a pagar a la caja) NO_____ (Pase a la siguiente pregunta)

Así que lo que quiere es conocer hombres, ¿verdad pinche jotito?

SI _____ (Pase a pagar a la caja) NO ___ (Pase a la siguiente pregunta)

Está bien, acepto que usted no es joto, inscríbase, al fin y al cabo se va a hacer puñal.

Zootecnia

¿Estaría dispuesto a ponerse pedo todos los días, vestir ropa ranchera y meterle la mano en la cola a las vacas?

SI ___NO___ Es todo.

Contaduría

¿Sabe contar?

SI__NO__

¿Sabe sumar?

SI__NO__

¿Sabe restar?

SI__NO__

Si contesta a una o más con un "SI" pase a pagar a la caja y espere 4 años por su título.

Enfermería y Nutriología

¿Conoce usted el chat?

SI ___NO__

¿Sabe chatear?

SI ___NO__

¿Estaría dispuesta a chatear todas las horas libres y más de ser necesario?

SI ___NO__

Medicina

¿Tiene usted vida social?

SI _____ (Váyase olvidando de ella) NO _____ (ya cumplió el primer requisito)

¿Le gusta destazar cuerpos?

SI ___NO__

¿Le gusta hurgar en las entrañas?

SI ___NO__

¿Le gusta comer entre cuerpos putrefactos?

SI ___NO__

¿Le agrada ver de cerca las más espantosas enfermedades y heridas?

SI___NO__

¿Es necrofílico?

SI ___NO__

Universidad Autónoma del Noroeste (UANE)

¿En cuantas facultades ha reprobado usted el examen de admisión?_____

¿Cuenta con un aval que le pague las colegiaturas?

Si___ No___

Es todo.

Universidad Tecnológica Sierra Madre

¿De qué universidad lo corrieron?_____

¿Está dispuesto a trabajar en maquila?

SI ____

¿Aunque sea de operador?

SI ____

Es todo.

TEC de Monterrey

¿Cuánto gana su padre?_____

¿Cuánto gana su madre?_____

¿Cuánto gana usted?_____

¿Cuánto gana el negocio familiar?_____

¿Es usted becado?

SI ___NO__

Historia verdadera

Había un hombre que trabajaba en la oficina de correos, cuyo trabajo era procesar las cartas que traían la dirección ilegible. Un día, llegó a sus manos una carta que traía escritura temblorosa y que iba dirigida a Dios, pero no tenía dirección alguna. Como esa carta no iba a ir a ningún lado, decidió abrirla para ver de qué se trataba.

"Querido Dios:

Soy una viuda de 84 años, que vive de una pequeña pensión. Ayer, alguien robó mi bolsa que tenía 1,000 pesos, era lo que me quedaba de la quincena y ahora voy a tener que esperar hasta mi próximo cheque, no sé qué hacer.

El próximo domingo es Navidad y había invitado a dos amigas mías a cenar, pero sin dinero, no tendré qué ofrecerles, no tengo ni comida para mí, no tengo familia y eres todo lo que tengo, mi única esperanza.

¿Me podrías ayudar? Por favor.

Sinceramente María."

Fue tal el impacto que la carta causó al empleado postal, que este decidió mostrarla a sus compañeros de trabajo, todos quedaron sorprendidos y comenzaron a buscar en sus bolsas y carteras, al final de la tarde, habían hecho un cooperación de 880.00, los guardaron en un sobre y se lo mandaron a la dirección del remitente de María.

Esa tarde, todos los empleados que cooperaron sintieron un rico calorcito en el ambiente y una sensación de satisfacción que tal vez no experimentaban hacía mucho tiempo, al saber lo que habían hecho por María y sus amigas.

Llegó la Navidad y se fue. Algunos días después llegó a la oficina de correos otra carta de María, la reconocieron inmediatamente por la escritura y porque iba dirigida a Dios.

La abrieron y todos con curiosidad escucharon lo que decía:

"Querido Dios:

Con lágrimas en mis ojos y con todo el agradecimiento de mi corazón te escribo estas líneas para decirte que hemos pasado, mis amigas y yo, una de las mejores navidades de la vida, y todo por tu maravilloso regalo, debes saber que siempre hemos sido fieles a tu mandato y hemos guardado todos tus mandamientos, tal vez esa sea la razón de tu benevolencia con nosotras.

Gracias Dios

P.D. Por cierto, faltaban 120 pesos, seguramente se los robaron esos hijos de la chingada del correo..."

Mujer en el baño

Mi mamá era una asidua frecuentadora de los baños públicos. De chiquita me llevaba al baño, me enseñaba a limpiar la tabla del inodoro con papel higiénico y luego ponía cuidadosamente tiras de papel en el perímetro de la tabla. Finalmente me instruía:

–Nunca, nunca te sientes en un baño público.

Y luego me mostraba "La posición" que consiste en balancearte sobre el inodoro en una posición de sentarse sin que tu cuerpo haga contacto con la tabla.

Eso fue hace mucho tiempo, pero aún hoy en nuestros años más maduros, "la posición" es dolorosamente difícil de mantener cuando tu vejiga está que revienta. Cuando "tienes que ir" a un baño público, te encuentras con una cola de mujeres que te hace pensar que los calzones de Brad Pitt están a la venta y a mitad de precio. Así que esperas pacientemente y sonríes amablemente a las demás que también están discretamente cruzando las piernas, y encima cuando están en grupo, hablando las pendejadas que pueden hablar sólo las mujeres en la cola para mear.

Finalmente te toca tu turno, verificas cada cubículo por debajo para ver si no hay piernas. Todos están ocupados, finalmente uno se abre y te lanzas casi empujando a la persona que va saliendo. Entras y te das cuenta que el pasador de la puerta no funciona; no importa... la sostendré con la mano.

Cuando quieres colgar tu bolso de algún gancho que tendría que haber en la puerta, no hay gancho, así que te lo cuelgas del cuello mientras miras cómo se balancea debajo tuyo, sin contar que te desnuca la correa que te colgaste al cuello, porque el bolso está lleno de tanta mierda que le fuiste tirando adentro. Alivio… Ah… Más alivio... pero a la vez tienes ganas de tirarte un pedito, pero lo aguantas por temor a que salga sonando como el pito de una locomotora vieja y lo escuchen todos los que están en los cubículos de los lados.

Por un lado, descargaba toda la vejiga; pero por otro lado apretaba el culo para que no se me saliera el pedo....y de repente suena el celular –que está obviamente en el bolso–. Ahí es cuando tus muslos empiezan a temblar.... Te encantaría sentarte, pero no tuviste tiempo de limpiar la tabla ni la cubriste con papel, así que te quedas en "la posición" mientras tus piernas tiemblan tan fuerte que registrarían 8 en la escala de Richter, sin contar la salpicada finita del chorro que pega en la loza y que te moja hasta las medias, ¡y que seguramente se va a notar!

Por suerte el teléfono ya no suena. Para alejar tu mente de esa desgracia, buscas el rollo de papel higiénico, pero, je, je..., el rollo está vacío...! Tus piernas tiemblan cada vez más. ¿Recuerdas el pedacito de papel con el que te limpiaste hace un rato la nariz? Eso tendría que ser suficiente, lo arrugas de la manera más esponjada posible pero es más pequeño que la uña de tu dedo, y encima todavía está mojado de moco...

En ese instante alguien empuja la puerta de tu baño y como el pasador no funciona y tienes tus manos ocupadas, recibes tremendo golpe en la cabeza. Les gritas caliente y como una loca: "¡ocupado!"

Mientras continúas empujado la puerta con tu mano libre, suena de nuevo el celular y en el intento de apagarlo definitivamente, el pedacito de "kleenex" que tenías en la mano se te cae exactamente en un charquito que hay en el piso y no estás segura si es agua o pis. Tus piernas ya no aguantan y te vas de espalda y te caes sentada en el inodoro del baño.

Te levantas rápidamente y con un poquito de asco, pero ya es demasiado tarde, tu trasero ya entró en contacto con todos los gérmenes y formas de vida del asiento porque nunca lo cubriste con papel higiénico, que de todos modos no había, aun cuando hubieras tenido tiempo de hacerlo.

Sin contar el golpe en la cabeza, el desnuque de la correa del bolso, la salpicada del chorro en las piernas y en las medias, ¡que diablos! Todavía está mojada... y viene a tu mente el recuerdo de tu madre diciéndote "que desagradable. No sabes qué clase de enfermedades podrías agarrarte ahí...".

Pero la historia no termina ahí... ahora el sensor automático agua para el sanitario, está tan confundido que suelta el agua como si fuera una fuente y manda todo al colector con tal fuerza que te tienes que agarrar del tubo que sostiene el papel de baño (cuando hay) por miedo a que te vaya a chupar y vayas a aparecer en la China.

Aquí es cuando finalmente te rindes. Estás empapada por el agua que salió del baño como fuente, estás exhausta, tratas de limpiarte con un celofán de unos chiclet's Adams, y luego sales al lavamanos. No sabes cómo funcionan los sensores automáticos así que te limpias las manos con saliva, te las secas con una toalla de papel y sales pasando junto a la línea de mujeres que aún están esperando con las piernas cruzadas y en estos momentos eres incapaz de sonreír cortésmente.

Un alma caritativa al final de la línea te dice que vas arrastrando papel higiénico pegado a tu zapato ¡del largo del río Mississippi...!

Tironeas el papel del zapato, lo depositas rudamente en la mano de la mujer que te dijo que lo traías pegado y le dices suavemente:

–Toma... puedes necesitarlo... –y sales.

En este momento miras a tu esposo que ha entrado, usado y salido del baño de hombres y que tuvo tiempo de sobra para leer La Guerra y la Paz mientras te esperaba.

–¿Por qué tardaste tanto? –te pregunta azorado–... estaba preocupado... hasta te llamé dos veces al celular por si te había pasado algo... ¡y encima no contestaste!

Aquí es cuando de una vez por todas lo mandas a la mierda o al carajo.

La flor

Un ricachón tenía como empleada doméstica a una joven linda, pero con muy poca cultura. Luego de poca conversación y muchos tragos, pasaron una noche apasionada de máximo placer y al día siguiente, el ricachón le dijo a la humilde muchacha:

–Domitila, estoy muy agradecido contigo, la noche que me has obsequiado fue maravillosa. Pídeme lo que sea que yo te lo doy con gusto.

Ella le contesto:

–Ay siñor, …yo quiero una flor…

El hombre se conmueve y piensa:

–¡Qué ternura! ¡Cuánta humildad! ¿Sólo eso? ¿Cuál quieres? Te doy todo un ramo de… ¿rosas?, ¿claveles?, ¿orquídeas?, escoge…

–¡No! –contesta ella– yo quiero una flor esplorer 2010 negra… ¡como la di la siñora!

Diabólica

Una mujer y un hombre chocan de frente en sus autos, el golpe es tan grande, que quedan los autos completamente destrozados. Pero increíblemente ninguno de los dos sale lastimado. Después de salir de los autos la mujer dice:

–¡Ay Dios!, mira nuestros autos!, no quedó nada de ellos y milagrosamente no tenemos ni un rasguño, ésta debe ser una señal de Dios de que nosotros debemos conocernos, ser amigos, y hacer el amor como desquiciados por el resto de nuestros días.

Y el hombre, viendo la belleza de la mujer, contesta:

–¡Oh sí! Estoy completamente de acuerdo contigo, ésta es una señal de Dios.

La mujer continúa:

—Mira, otro milagro, mi auto está completamente destruido pero esta botella de vino no se quebró, de seguro que Dios quiere que nos tomemos esta botella de vino y celebremos nuestra buena suerte.

Le da la botella al hombre, él acepta, la abre y se toma la mitad, se la regresa; ella, toma la botella e inmediatamente le pone el tapón y se la regresa al hombre, y él le pregunta:

—¿Qué, no vas a tomar?

La mujer responde:

—No, yo creo que mejor voy a esperar a la policía; tú ya traes aliento alcohólico.

Moraleja: Las mujeres son y serán siempre más cabronas que bonitas. Los hombres son y serán siempre, aparte de cabrones, más calientes que inteligentes.

Deuda

Un árabe le pidió dinero a un judío. Pero sucede que el árabe jamás había pagado una deuda y el judío jamás había perdido un solo centavo en ninguna transacción. Pasó el tiempo y el árabe había estado escondiéndose hasta que un día ellos se cruzaron en un bar de un gallego. Ahí comenzaron a discutir. El árabe, acorralado, no encontró otra salida, sacó una pistola, la puso sobre su sien y dijo:

—¡Podré irme al infierno, pero no pagaré esta deuda...!

Y apretó el gatillo, cayendo muerto de inmediato. El judío no quiso ser menos, así que agarró la pistola del tipo, la puso sobre su sien y dijo antes de disparar:

—¡Voy a cobrar este dinero aunque sea en el infierno...!

El gallego, que había observado todo, tomó la pistola, la puso sobre su cabeza y dijo:

—¡Rayos y centellas, por nada del mundo me pierdo esta pelea...!

Sucedió en una peluquería...

Una pequeñita de 5 años acompaña a su padre a la peluquería para que éste se haga un corte de cabello. El peluquero, hombre muy amable, decide dar a la niña una pieza de pan dulce para hacer más grata la espera. La niña se sentó a un lado del sillón, precisamente debajo de donde cortaban el cabello a su padre. El peluquero voltea a ver a la niña, y le dice:

—¿Sabes algo, muñeca? Se te va a llenar de pelos tu bizcocho.

La niña pronta responde:

—Sí, ya me platicó mi mamá... y que también me van a salir tetas...

Vieja costumbre

Cada año, un Rabí Judío, después de la Semana Santa se presentaba ante el Papa y le entregaba un sobre sellado viejísimo y amarillo. El Papa lo tomaba, lo veía y se lo entregaba de nuevo al Rabí. Esto había tenido lugar por casi 2,000 años.

Pero sucedió que un día había sido ordenado un Papa nuevo, y el Rabí encargado de venir desde Israel a presentar el sobre, también era nuevo. Así que al tomar lugar el acto dijo el Papa:

—¿Qué clase de ceremonia es ésta?, tengo entendido que ha sido observada por casi 2,000 años, y no sé su significado.

—¡Ni yo! Es nuestra costumbre enviar a alguien cada año por estas fechas con este sobre al Vaticano.

—Abramos ese viejo sobre para ver qué contiene.

El Rabí lo abre, lo lee y exclama:

—¡Increíble! ¡Es la cuenta por los víveres consumidos en la Última Cena!

Buen acto

Arriba del escenario hay un hombre y un cocodrilo. El cocodrilo abre grande la boca y el hombre le pone su miembro adentro. Mira al público y dice:

—¿Hay alguien que se anime a hacer lo mismo?

Entre el público se oye una vocecilla mientras se levanta una viejita y que dice:

—Yo me animo hijito, pero no sé si voy a poder abrir la boca tan grande.

38 razones por las que es maravilloso ser el hombre

1. Conservas el mismo estado de ánimo durante todo el mes.

2. Los mecánicos no te hacen pendejo.

3. No tienes que cargar a todos lados una bolsa llena de pendejadas.

4. En las peluquerías no te roban.

5. Te vale madre si alguien se da cuenta o no de tu nuevo corte de cabello.

6. En la entrevista para obtener un trabajo, tu cu... erpo no es un factor.

7. Cuando tu trabajo es criticado, no piensas que todos te odian secretamente.

8. Ninguno de tus colegas de trabajo tiene la capacidad de hacerte llorar, porque al que se te pone muy loco le partes la madre y listo.

9. Tu ropa interior cuesta 60 pesos por un pack de tres.

10. Tres pares de zapatos son más que suficiente.

11. Los planes de la boda se arreglan solos.

12. Vestido de boda: 10,000 pesos; Frack (alquilado): 300 pesos.

13. Puedes olvidar una fecha o meter la pata y las flores lo arreglan todo.

14. Puedes sentarte con las piernas abiertas tirándote unos buenos pedos valiéndote madres.

15. Puedes ir al baño, sin tener que hacerlo en parejas o en grupo.

16. Las filas de los sanitarios son menores en un 80%.

17. No tienes que ir a la siguiente gasolinera porque "el baño está muy sucio".

18. Puedes admirar a Bruce Willis, sin matarte de hambre para parecerte a él.

19. Luis Miguel, Ricky Martin, Tom Cruise, Brad Pitt y los demás no existen en tu universo.

20. No tienes que limpiar tu apartamento cada vez que va a llegar alguien.

21. Sabes por lo menos 20 formas para destapar una cerveza.

22. Puedes remediar cualquier cosa con la frase "¡a la chinada!"

23. No tienes que monitorear la vida sexual de tus amigos.

24. Puedes pasar a visitar a un amigo, sin tener que llevarle un regalo.

25. Las conversaciones telefónicas con tus amigos duran menos de 60 segundos.

26. Si no llamas a un amigo cuando dijiste que lo harías, este no le va a decir a tus amigos que has cambiado.

27. Puedes ver televisión durante horas con un amigo, en total silencio, sin pensar: "¿estará enfadado conmigo?"

28. Si alguien se olvida de invitarte a algún evento, sigue siendo tu amigo.

29. Si alguien llega a la fiesta con un suéter igualito al tuyo, no te apenas, hasta te da gusto.

30. Si tienes 34 y eres soltero, a ninguno de tus amigos le importa; es más hasta empiezan a felicitarte.

31. A los viejos amigos, no les importa si has subido o bajado de peso.

32. Te vale madres si alguno de tus amigos habla a tus espaldas.

33. No tienes que conformarte con los pedacitos de los postres de los otros.

34. Si hace calor, puedes desabotonarte la camisa sin líos.

35. Puedes rascarte los mismísimos huevos a cualquier hora del día.

El perrito vs. la pantera

Un señor va de cacería al África y se lleva su perrito chihuahueño para no sentirse solo en el lugar. Un día, ya en la expedición, el perrito, correteando mariposas se aleja del grupo, se pierde y comienza a vagar solo por la selva. En eso ve a lo lejos que viene una pantera enorme a toda carrera. Al ver que la pantera se lo va a devorar, piensa rápido qué hacer. En eso ve un montón de huesos de un animal muerto y se empieza a mordisquearlos. Entonces, cuando la pantera está a punto de atacarlo, el perrito dice:

—¡Ah!, ¡qué rica pantera me acabo de chingar!

La pantera lo alcanza a escuchar y frenando en seco, gira y sale despavorida pensando:

—¡Quién sabe qué chingado animal será ese, no me vaya a comer a mí también!

Un mono que andaba trepado en un árbol cercano, y que había visto y oído la escena, sale corriendo tras la pantera para contarle cómo la engañó el pinche perrito mexicano:

—Cómo serás pendeja, esos huesos ya estaban ahí, además es un simple perro.

Pero el perrito alcanza a darse cuenta de la mariconada del mono. Después que el mono le chismeó a la pantera la historia de lo que ocurrió, ésta última, muy encabronada, le dice al mono:

—¡Súbete a mi espalda, ahora vamos donde esta ese perro a ver quién se come a quién!

Y salen corriendo en chinga a buscar al perrito. El perrito ve a lo lejos que se le venía la pantera nuevamente en chinga, y esta vez con el mono chismoso encima.

—¿Y ahora qué hago? —piensa todo asustado el perrito.

Entonces, en vez de salir corriendo, se queda sentado dándoles la espalda como si no los hubiera visto, y en cuanto la pantera está a punto de atacarlo de nuevo, el perrito dice:

—¡Este mono hijo de la chingada!, hace como media hora que lo mandé a traerme otra pantera y todavía no aparece!

Moraleja: En momentos de crisis, sólo la imaginación es más importante que el conocimiento. Procura ser imaginativo como el perro, evita ser pendejo como la pantera, y nunca seas tan ojete como el mono.

La rana

Estaba una vieja preocupada porque no sabía qué regalarle a su esposo en su aniversario. De repente, caminando por el centro comercial, la mujer entra a un local de mascotas pensando que ahí podría encontrar algo original. Después de mirar un poco se da cuenta que todas las mascotas son en extremo caras y le dice al vendedor:

–Quiero comprarle una mascota a mi marido, pero… todas salen muy caras.

–Claro, todas son de importación y de muy buena calidad. Pero, si en verdad quiere algo diferente, tengo una rana gigante en la bodega que le puede llevar a su marido por tan sólo 100 pesos ¿Desea verla?

–¿100 pesos por una rana?

–Es que es una rana muy especial, tiene la peculiaridad de hacer sexo oral a los hombres…

La mujer lo piensa, y por ya no caminar más, se decide a comprarla. La lleva a la casa y se la da a su marido en la cena, explicándole las cualidades de la verde criatura. Esa misma noche, como a las 2:00 am, la mujer se despierta por el ruido de voces, sartenes y cacerolas en la cocina. Al llegar a la cocina, ve que su marido y la peculiar rana están sentados en la mesa ojeando libros de cocina. Ella alterada, asustada y cansada les grita:

–¿Qué están haciendo par de idiotas, leyendo libros de cocina a éstas horas de la madrugada?

El marido voltea con una sonrisa burlona y le contesta:

–Si logro que esta ranita cocine… ¡te vas a la chingada hoy mismo!

Los refranes bien dichos...

Relátame con quien deambulas y te manifestaré tu idiosincrasia.

Dime con quién andas y te diré quién eres.

+ + +

A perturbación ciclónica en el seno ambiental, rostro jocundo.

A mal tiempo, buena cara.

+ + +

H2O que no has de ingurgitar, permítele que discurra por su cauce.

Agua que no has de beber, déjala correr.

+ + +

Ocúpate de la alimentación de aves córvidas y éstas te extirparán las córneas, el iris y el cristalino.

Cría cuervos y te sacarán los ojos.

+ + +

El globo oftálmico del poseedor, torna obeso el bruto vacuno.

El ojo del amo, engorda el ganado.

+ + +

Quien a ubérrima conífera se adosa, óptima umbría le entolda.

El que a buen árbol se arrima, buena sombra le cobija.

A equino, objeto de un obsequio, no se le aquilatan los incisivos.

A caballo regalado, no se le miran los dientes.

+ + +

El rumiante propende al accidente orográfico.

La cabra tira al monte.

+ + +

Las exequias con candeal son más tolerables.

Las penas con pan son menos.

+ + +

Transládeme yo a temperatura debidamente elevada y demuestre el vulgo su regocijo.

Ande yo caliente y ríase la gente.

+ + +

Plesbiscito sin chanchullo, enjuague o componenda, veda de tornar a la prebenda.

Sufragio efectivo, no reelección.

+ + +

En proyección hacia planos superiores y con trayectoria de desenvolvimiento hacia el frente.

Arriba y adelante.

+ + +

No existe adversidad que por sinecura no se trueque.

No hay mal que por bien no venga.

+ + +

La ausencia absoluta de percepción visual torna insensible al órgano cardiaco.

Ojos que no ven, corazón que no siente.

+ + +

A sonidos emitidos por laringes indecentes, trompas de Eustaquio en estado letárgico.

A palabras necias, oídos sordos.

+ + +

Más vale animal volátil en cavidad metacarpiana, que diez a la segunda potencia de sus congéneres surcando el espacio etéreo.

Más vale pájaro en mano que ciento volando…

Frases celebrables

1. El amor eterno dura aproximadamente tres meses.

2. No te metas en el mundo de las drogas, ya somos muchos y hay muy poca.

3. Todo tiempo pasado fue anterior.

4. Tener la conciencia limpia es síntoma de mala memoria.

5. El que nace pobre y feo tiene grandes posibilidades de que al crecer se le desarrollen ambas condiciones.

6. Los honestos son inadaptados sociales.

7. El que quiera azul celeste, que mezcle azul y blanco.

8. Pez que lucha contra la corriente, muere electrocutado.

9. La esclavitud no se abolió, se cambio a 8 horas diarias.

10. Si la montaña viene hacia ti, corre, es un derrumbe.

11. Lo importante no es ganar, sino hacer perder al otro.

12. No soy un completo inútil, al menos sirvo de mal ejemplo.

13. La droga te buelbe vruto.

14. Si no eres parte de la solución, eres parte del problema.

15. Errar es humano, pero echarle la culpa a otro es más humano todavía.

16. El que nace pa' tamal nunca ta' bien.

17. Lo importante no es saber, sino tener el teléfono del que sabe.

18. Yo no sufro de locura, la disfruto a cada minuto.

19. Es bueno dejar el trago, lo malo es no acordarse dónde.

20. El dinero no hace la felicidad, la compra hecha.

21. Una mujer me llevó a la bebida, y nunca tuve a cortesía de darle las gracias.

22. Si tu novia perjudica tu estudio, deja el estudio y perjudica a tu novia.

23. La inteligencia me persigue, pero yo soy más rápido.

24. Huye de las tentaciones despacio, para que puedan alcanzarte.

25. La verdad absoluta no existe, y esto es absolutamente cierto.

26. Hay un mundo mejor, pero es carísimo.

27- Ningún tonto se queja de serlo... no les debe ir tan mal.

28. Estudiar es desconfiar de la inteligencia del compañero de al lado.

29. La mujer que no tiene suerte con los hombres no sabe la suerte que tiene.

30. No hay mujer fea, sólo belleza rara.

31. La pereza es la madre de todos los vicios, y como madre, hay que respetarla.

32. Si un pajarito te dice algo, debes estar loco, pues los pájaros no hablan.

33. En cada madre hay una suegra en potencia.

34. Lo importante es el dinero, la salud va y viene.

35. Trabajar nunca mató a nadie... pero para qué arriesgarse.

36. No te tomes la vida en serio, al fin y al cabo no saldrás vivo de ella.

37. Felices los que nada esperan, porque nunca serán defraudados.

38. El alcohol mata lentamente. No importa, no tengo prisa.

39. La confusión está clarísima.

40. Mátate estudiando y serás un cadáver culto.

41. Lo triste no es ir al cementerio sino quedarse ahí.

42. Hay dos palabras que te abrirán muchas puertas: jale y empuje.

43. Para qué tomar y manejar si puedes fumar y volar.

44. ¡Dios mío dame paciencia, pero dámela ya!

Rapiditos de gallegos...

¿Qué hace un gallego corriendo y gritando por el campo?
Sembrando el pánico.

+ + +

¿Por qué los gallegos echan ajo en la carretera?
Porque le han dicho que es bueno para la circulación.

+ + +

¿Cómo reconoces a un gallego en un salón de clases?
Es el único que cuando el maestro borra el pizarrón, él borra su cuaderno.

+ + +

¿Por qué los gallegos hacen las ventanas redondas?
Para que entre el sol.

+ + +

¿Por qué los gallegos usan boina?
Porque es "funda–mental".

+ + +

¿Por qué los gallegos se tapan los ojos cuando se ponen crema?
Porque dice "Nivea".

+ + +

¿Qué hace una gallega tirándose del balcón de un octavo piso con las piernas abiertas?

Está probando las nuevas toallitas con alas protectoras.

+ + +

¿Por qué un gallego se abanica con un serrucho?

Porque le dijeron que el aire de la sierra es más sano

+ + +

¿Por qué ponen hielo sobre el televisor?

Porque de este modo intentan congelar la imagen.

+ + +

¿Por qué los gallegos ponen escaleras a la orilla del mar?

Para que suba la marea.

+ + +

¿Qué hace un gallego corriendo alrededor de una Universidad?

Una carrera universitaria.

+ + +

¿Dónde anotan los gallegos a sus hijos recién nacidos?

En Ingresos brutos.

+ + +

¿Cómo hace un gallego para tener mellizos?

Le hace dos agujeros al preservativo.

+ + +

¿Para qué pide un gallego un sobre redondo?

Para enviar una circular.

✢ ✢ ✢

¿Cuál es la única flor que no se da en Galicia?

El pensamiento.

✢ ✢ ✢

La rubia pasa un semáforo en rojo y la detiene un policía gallego:

—Lo siento, oficial, es que soy daltónica.

—¿Pero usted cree, que soy tonto? ¿Me quiere hacer creer que no hay semáforos en Daltonia?

✢ ✢ ✢

En un pueblo gallego aparece Angelina Jolie en un RollsRoyce. Se detiene en la plaza y le dice a uno:

—Tú... Manolo, ven conmigo.

Sube y parten. Al rato vuelve el Manolo solo, conduciendo el Rolls.

—¡Manolo, cuéntanos que ha pasao!

—Pues nada, que hemos ido al molino, nos hemos bajao del coche, la muchacha se ha quitao la ropa y me ha dicho: "Toma de mí lo que quieras"... ¡Así que me he traído el coche!

—¡Qué brillante eres Manolo! ¿Para qué quieres tú la ropa si no tienes hermanas?

✢ ✢ ✢

Dos gallegos se encuentran en la calle con una temperatura de 40 grados.

—Pero tío, ¿cómo vas tan abrigado con este calor?

—¡Prescripción médica hombre: "mucha agua y sobretodo en verano!"

Rapiditos de doctores

El doctor examina los análisis del paciente y pensativamente le dice:

—Vaya y hágase una placa.

—¿De qué doctor: de pelvis, de tórax?

—No, ¡de mármol porque se nos muere!

✦ ✦ ✦

El médico le dice a su paciente en tono muy enérgico:

—En los próximos meses nada de fumar, nada de beber, nada de salir con mujeres ni ir a comer a esos restaurantes caros, y nada de viajes ni vacaciones.

—¿Hasta que me recupere, doctor?

—¡No!, ¡hasta que me pague todo lo que me debe!

✦ ✦ ✦

Estaban operando a un paciente, cuando entra un médico al quirófano y grita:

—¡Detengan el trasplante, que ha habido un rechazo!

—¿Un rechazo del riñón, doctor? —pregunta la enfermera.

—¡No...! ¡Del cheque!.... ¡El cheque no tiene fondos!

✦ ✦ ✦

El médico revisa los exámenes y las radiografías y le dice al paciente:

—Lamento informarle que le queda muy poco tiempo de vida.

—Caramba doctor, no me diga eso. Y, ¿como cuánto tiempo cree que me queda?

El médico le responde:

—Tal vez unos 10...

—¿10 qué, doctor... meses?

—No

—¿... semanas... días?

—NO... 10... 9... 8... 7... 6...

✦ ✦ ✦

—Doctor, ¿usted piensa que después de esta operación voy a volver a caminar?

—¡Seguro... porque va a tener que vender el auto ¡para poder pagar la cuenta del hospital!

✦ ✦ ✦

—Doctor, ¿cree que podré vivir 40 años más?

—Depende. ¿Usted parrandea con sus amigos?

—No, doctor

—¿Bebe?

—No, doctor.

—¿Fuma?

—No, doctor.

—¿Sale con mujeres?

—No, doctor

—¿Y para qué carajos quiere vivir 40 años más?

Más rapiditos...

La madre a la hija:

–Mija... ¡dicen las vecinas que te estás acostando con tu novio!

–Ay, mami, la gente es muy chismosa... Uno se acuesta con cualquiera y ya dicen que es el novio...

✣ ✣ ✣

–¡María, tu marido se va a tirar por la ventana!

–¡Dile a ese pendejo que le puse cuernos, no alas!

✣ ✣ ✣

–Carmen, ¿estás enferma?... Te lo pregunto porque he visto salir a un médico de tu casa esta mañana...

–Mira, pinche vieja, ayer por la mañana yo vi salir a un militar de la tuya y no por eso estás en guerra, ¿verdad?

✣ ✣ ✣

–Dígame. ¿Cuál es el motivo por el quiere divorciarse de su esposo?

–Mi marido me trata como si fuera un perro.

–¿La maltrata, le pega?

–No, ¡quiere que le sea fiel...

✣ ✣ ✣

Un ladrón le grita a otro, en medio de un asalto:

–¡Viene la policía!

—¿Y ahora qué hacemos?

—¡Saltemos por la ventana!

—¡Pero si estamos en el piso 13!

—¡Este no es momento para supersticiones!

En una fiesta se acerca un mesero a ofrecerle más whisky a una muchacha:

—Madame, ¿gusta otra copa?

—No, gracias, me hace daño para las piernas.

—¿Se le adormecen?

—No, ¡se me abren!

+ + +

Una joven rebelde muy liberada entra en un bar completamente desnuda. Se para frente al cantinero y le dice:

—Deme una cerveza bien helada.

El cantinero se queda mirándola sin moverse.

—¿Qué pasa? —dice ella— ¿Nunca ha visto a una mujer desnuda?

—¡Muchas veces!

—¿Y entonces qué mira?

—¡Quiero ver de dónde va a sacar el dinero para pagar la cerveza!

+ + +

Un pasajero le toca el hombro al taxista para hacerle una pregunta. El taxista grita, pierde el control del coche, casi choca con un camión, se sube a la acera y se mete en un escaparate haciendo pedazos los vidrios. Por un momento no se oye nada en el taxi, hasta que el taxista dice:

—Mire amigo, ¡jamás haga eso otra vez! ¡Casi me mata del susto!

El pasajero le pide disculpas y le dice:

—No pensé que se fuera a asustar tanto si le tocaba el hombro.

El taxista le dice:

—Lo que pasa es que es mi primer día de trabajo como taxista.

—¿Y qué hacía antes?

—Durante 25 años fui chofer de carroza funeraria.

+ + +

Se encuentran dos chinos:

—El otlo día me comple un coche.

—¿Ah sí?

—Si, mila, es ese de ahí.

—¿Y que malca es?

—Un Alfa.

—¿Lomeo?

—Lo meas y te lompo tu male, pelao cochino.

+ + +

Estaba una negra en la playa echándole aire a su hijo con un cartón; en eso pasa Pepito y le dice:

—Si no le echas alcohol no va a prender...

+ + +

El novio le dice a la novia:

—Mi amor, estoy decepcionado, tú no eres virgen…

Y ella responde:

—Ni tú San José, ni vinimos a armar un pesebre, ¿cierto, amor?...

—Lobo, ¿por qué tienes esa frente tan sudada, los ojos tan ajustados y esos dientes tan apretados?

—¡Chingada madre Caperucita, déjame cagar a gusto!

Cómo no odiar a tu jefe:

1. Cuándo tu Jefe te llame por primera vez en la mañana, no pienses:

"¡No mames, tan temprano y ya está chingando!"

Mejor piensa:

"Mi jefe quiere saludarme".

2. Cuándo requiera tu presencia en su oficina por 5ª vez en el día, no pienses:

"¡A cómo chinga este pendejo!"

Mejor piensa:

"Le soy indispensable para vivir"

3. Cuándo te consulte algo por tercera ocasión, no pienses:

"¡Qué este guey no puede decidir por sí mismo!"

Mejor piensa:

"Requiere la opinión de un sabio".

4. Cuándo le expliques por quinta vez el asunto y aun así entienda todo lo contrario, no pienses:

"¡No mames! ¿Dónde están las manzanas? ¡Para explicarle a este cabrón!"

Mejor piensa:

"Seguramente de chiquito se cayó mucho y todavía tiene secuelas".

5. Cuándo te reclame que por qué no llegas temprano, no pienses:

"¡Imbécil! Si supieras todas las pinches horas que me quedo después de la hora de salida sin que me paguen un pinche peso extra".

Mejor piensa:

"Soy tan necesario en la oficina que desde temprano me requiere".

6. Cuándo te encargue un trabajo urgente, justo a la hora de tu salida, no pienses:

"¡Chingada madre! ¿Por qué hoy que había quedado para ir al cine con mi vieja? Claro, como el estúpido no tiene vida familiar, le vale madres".

Mejor piensa:

"Pobrecito, tal vez es impotente y necesita estar trabajando para no tener malos pensamientos".

7. Cuándo te pida que vayas a trabajar un sábado, no pienses:

"¡No mames! Qué no sabe este güey que los sábados tengo que ir a jugar futbol, se me hace que como este pendejo no hace ejercicio, no le irriga la sangre al cerebro".

Mejor piensa:

"Pobrecito, quizá no tiene con quién desayunar y tal vez me invitará a mí para no sentirse solito".

8. Cuándo te regañe porque cometiste un error, no pienses:

"¡Ahora resulta que el pendejo soy yo!"

Mejor piensa:

"Tiene razón, por algo es mi jefe, y el que trabaja tiene derecho a equivocarse".

9. Cuándo te corra de la chamba, no pienses:

"¡Hijo de puta! A pesar de que me chinga todo el puto día y que me tiene hasta la madre, que es un pendejo mal agradecido, que tuve que hacerle la chamba porque él no tiene ni puta idea, que nunca fue capaz de reconocer mi trabajo de todos los días y que siempre que me llamó estuve para darle una respuesta y arreglarle todos los pedos en que él solito se metió y que se puede ir directito a chiflar a su máuser, que se quede con su pinche trabajo de mierda".

Mejor... ¡Díselo!

Trabalenguas

La frase a repetir es: "Mi moto alpina derrapante".

Ahora con letra A: "Ma mata alpana darrapanta..."

Muy bien... ahora con la O: "mo moto olpono dorroponto..."

¡Perfecto!.... Ahora intentemos la I: "Mi miti ilpini dirripinti"

¡Genial!! Ahora más difícil... con la E...

Teléfono descompuesto

Del: PRESIDENTE DE LA COMPAÑÍA

Para: GERENTE GENERAL

El lunes próximo, a eso de las siete de la tarde el cometa Halley se hará visible. Es un acontecimiento que ocurre cada 78 años. Reúna a todo el personal en el patio de la fábrica, todos usando casco de seguridad, que allá les explicaremos el fenómeno. Si llueve, este raro espectáculo no podrá ser visto a ojo desnudo, en ese caso entraremos al comedor donde será exhibido un documental sobre ese mismo tema.

De: GERENTE GENERAL

Para: JEFE DE PRODUCCIÓN

Por orden del presidente, el lunes a las siete aparecerá sobre la fábrica el cometa Halley. Si llueve reúna a los empleados con cascos de seguridad y llévelos al comedor, donde tendrá lugar un raro espectáculo, que sucede cada 78 años a ojo desnudo.

De: JEFE DE PRODUCCIÓN

Para: SUPERVISOR

Por órdenes de nuestro gerente general, el científico Halley de 78 años, aparecerá desnudo en el comedor de la fábrica usando casco, porque va a ser presentado un documental sobre el problema de la seguridad en días de lluvia.

De: SUPERVISOR

Para: ASISTENTE

Sin excepción todo el mundo, deberá estar en el patio de la planta el lunes a las siete. Deberán ir desnudos, donde el famoso músico Halley mostrará el vídeo bailando bajo la lluvia. El show se presenta cada 78 años.

De: ASISTENTE

Para: PERSONAL DE PLANTA

El jefe cumple 78 años el lunes y habrá una fiesta en el patio y en el comedor con el famoso conjunto Bill Halley y sus cometas. Todo el que quiera, puede ir en bolas, pero usando casco, porque se va a armar una fiesta y una borrachera a toda madre, aunque llueva. Están todos invitados… ¡No olviden su casco!

Advertencia sobre el alcohol:

En los paquetes de cigarrillos se ven obligados a advertir a los consumidores sobre el peligro en el consumo excesivo de este producto. El gobierno está considerando emitir una ley que advierta a los consumidores de bebidas embriagantes del peligro por su consumo en exceso, las leyendas propuestas son las siguientes:

ADVERTENCIA: El consumo de alcohol es la causa principal de bailar como pendejo.

ADVERTENCIA: El consumo de alcohol puede causar que diga la misma historia aburrida una y otra vez hasta que sus amigos quieran agarrarlo a chingadazos hasta cansarse.

ADVERTENCIA: El consumo de alcohol puede llevarlo a pensar que sus ex novias están realmente desesperadas y deseosas que las llame por teléfono a las cuatro de la mañana.

ADVERTENCIA: El consumo de alcohol puede hacerlo pensar que está susurrando cuando esta gritando como pendejo y escupiendo la cara

ADVERTENCIA: El consumo de alcohol puede llevarlo a no saber de qué chingados se embarró su pantalón.

ADVERTENCIA: El consumo de alcohol puede hacerlo pensar que es experto en Kung Fu.

ADVERTENCIA: El consumo de alcohol puede causar que por la mañana mire al otro lado de su cama y vea algo escalofriante (cuyo nombre y/o especie no puede recordar.)

ADVERTENCIA: El consumo de alcohol puede crear la ilusión de que es más fuerte, listo y más guapo que un tipo realmente mamadote llamado LATIN LOVER.

ADVERTENCIA: El consumo de alcohol puede llevarlo a pensar que es invisible o que puede traspasar paredes.

ADVERTENCIA: El consumo de alcohol puede realmente PROVOCAR embarazo.

Gemelos

Una ruidosa, fea, amargada y malvada señora entra en una tienda con sus dos niños. Les grita, insulta y tironea sin parar. Al ver esto, el encargado de la tienda se dirige a ella y le dice con una sonrisa:

–Buenos días señora, bienvenida a nuestra tienda. Tiene usted dos hermosos niños, ¿son gemelos?

La malvada y mal encarada mujer deja un momento de gritar para responder al encargado:

–Por supuesto que no. El mayor tiene 9 años y el otro 7. ¿De dónde chingados saca usted que podrían ser gemelos? ¿Es usted ciego o pendejo?

Y el encargado le contesta:

–No señora, no soy ciego, ni pendejo... Simplemente no puedo creer ¡que a usted se la hayan cogido dos veces!

Confesiones de una mujer moderna

Son las 6:00 a. m.; el despertador no para de sonar y no tengo fuerzas ni para tirarlo contra la pared. Estoy acabada. No quiero ir al trabajo hoy. Quiero quedarme en casa, cocinando, escuchando música, cantando, etc. Si tuviera un perro, lo pasearía por los alrededores. Todo, menos salir de la cama, meter primera y tener que poner el cerebro a funcionar.

Me gustaría saber ¿quién fue la bruja imbécil, la matriz de las feministas, que tuvo la puta idea de reivindicar los derechos de la mujer, y por qué hizo eso con nosotras, que nacimos después de ella?

Estaba todo tan bien en el tiempo de nuestras abuelas: ellas se pasaban todo el día bordando, intercambiando recetas con sus amigas, enseñándose mutuamente secretos de condimentos, trucos, remedios caseros, leyendo buenos libros de las bibliotecas de sus maridos, decorando la casa, podando árboles, plantando flores, recogiendo legumbres de las huertas y educando a sus hijos. La vida era un gran curso de artesanía, medicina alternativa y cocina.

Y después se puso mejor: teníamos servidumbre, el teléfono, las telenovelas, ¡el internet!, ¡cuántas horas de paz nos trajo la tecnología y las chachas!... hasta que vino una pendejita a la que no le gustaba el corpiño a contaminar a varias otras rebeldes inconsecuentes con ideas raras sobre "vamos a conquistar nuestro espacio"... ¡qué pinche espacio ni qué la chingada! ¡Si ya teníamos la casa entera!, ¡todo el PUTO barrio era nuestro… el mundo a nuestros pies! Teníamos el dominio completo sobre los hombres: ellos dependían de nosotras para comer, vestirse y para verse bien delante de sus amigos. Y ahora... ¿dónde chingados están?

Nuestro espacio… ¡mis tetas! Ahora ellos están confundidos, no saben qué papel desempeñan en la sociedad, HUYEN de nosotras como el diablo de la cruz. Ese chistecito, esa puta gracia, acabó llenándonos de deberes. Y lo peor de todo, ¡acabó lanzándonos dentro del calabozo de la soltería crónica aguda! Antes se casaban a los 15 años, ahora eres idiota si te casas antes de los 30. Antiguamente los casamientos duraban para siempre, pero ahora el divorcio ¡se ha convertido en un sacramento más! ¿Por qué… díganme por qué un género que tenía todo lo mejor, que sólo necesitaba ser frágil y dejarse guiar por la vida, comenzó a competir con los machos? ¿A quién jodidos se le ocurrió? Miren el tamaño del bíceps de ellos y miren el tamaño del nuestro. Estaba muy claro que eso no iba a terminar bien.

No aguanto más ser obligada al ritual diario de:

• Estar flaca como una escoba, pero con tetas y culo duritos, para lo cual tengo que matarme en el gimnasio, además de morir de hambre.

• Ponerme hidratantes, antiarrugas, padecer complejo de radiador viejo tomando agua a todas horas, y demás armas para no caer vencida por la vejez.

• Maquillarme impecablemente cada mañana desde la frente al escote.

• Tener el pelo impecable y no atrasarme con las mechas, ¡que las canas son peor que la lepra!

• Elegir bien la ropa, los zapatos y los accesorios, no sea que no esté presentable para esa reunión de trabajo.

• Tener que decidir qué perfume combina con mi pinche humor.

• Tener que salir corriendo para quedarme embotellada en el tránsito y resolver la mitad de las cosas por el celular y correr el riesgo de ser asaltada o de morir embestida por un microbús.

• Instalarme todo el día frente a la PC trabajando como una esclava (moderna, claro está), con un teléfono en el oído y resolviendo problemas uno detrás de otro, ¡que además ni son mis problemas! Todo para salir con los ojos rojos (por el monitor, claro, porque para llorar de amor no hay tiempo).

¡Y mira que teníamos todo resuelto! Estamos pagando el precio por estar siempre en forma, sin estrías, depiladas, sonrientes, perfumadas, uñas perfectas, sin hablar del currículum impecable, lleno de diplomas, doctorados y especialidades. Nos volvimos "súper mujeres"… pero seguimos ganando menos que ellos y de todos modos nos dan órdenes… ¿qué pedo?

¿No era mejor –mucho mejor– seguir tejiendo en la silla mecedora? ¡BASTA! Quiero que alguien me abra la puerta para que pueda pasar, que corra la silla cuando me voy a sentar, que me mande flores, cartitas con poesías, que me dé serenatas en ventana. Si nosotras ya sabíamos que teníamos un cerebro y que lo podíamos usar. ¿Para qué había que demostrárselo a ellos?

¡Ay, Dios mío, son las 6:30 a. m., y tengo que levantarme! ¡Qué fría está esta solitaria y grandísima cama! Ah… quiero otra vez que mi maridito llegue del trabajo, que se siente en el sofá y me diga: "mi amor, ¿no me traerías un tequila por favor?", o "¿qué hay de cenar?", porque descubrí que es mucho mejor servirle una cena casera que atragantarme y atragantarlo con un sándwich y una coca-cola mientras termino el trabajo que me traje a casa.

¿Piensas que estoy ironizando? ¡No, mis queridas colegas, inteligentes, realizadas, liberadas… y abandonadas PENDEJAS! Estoy hablando muy seriamente. Estoy abdicando de mi puesto de mujer moderna… ¿alguien más se suma?

Sucedió en algún lugar de México...

El regio Cruz Treviño Martínez de la Garza, se enfrentaba aquella tarde a una entrevista más para intentar conseguir un empleo. Llegando a la oficina que le indicaron y ya frente al entrevistador, esto fue lo que sucedió:

—Señor Treviño, ¿cuál fue su último salario?

—Salário mínimo —responde Cruz apenado.

—Pues me alegra informarle que si usted es contratado por nosotros, su salario será de $70,000 por mes.

—¿Neta...?

—¡Por supuesto! Y dígame, ¿qué carro tiene usted?

—La verdad es que yo tengo un carrito para vender elotes en la calle y una carretilla para transportar escombros...

—Entonces, sepa que si usted viene a trabajar con nosotros, inmediatamente, le daremos un BMW convertible último modelo, y un Audi A6 para uso de su esposa, ambos cero kilómetros.

—¿Neta...?

—¡Sí señor! Usted, ¿viaja con frecuencia?

—Vera usted, bato... lo más lejos que yo viajé, fue a Casas Grandes, a visitar unos parientes.

—Pues si usted trabaja aquí, viajara por lo menos 10 veces por año con agendas entre París, Londres, Roma, Mónaco, New York, Moscú... entre otros países.

—¿Neta...?

—Es como le digo señor Cruz... y le digo más: ¡el empleo es casi suyo! No puedo confirmarle ahora al 100% porque tengo que cumplir un requisito de informarle antes a mi Gerente, ¡pero está casi garantizado! Si hasta mañana viernes a las 12:00 de la noche usted no ha recibido un telegrama de nuestra empresa cancelando todo el proceso, significa que puede venir a trabajar el lunes a las 8:00 de la mañana.

¡Cruz salió radiante de la oficina! Ahora era sólo esperar hasta la medianoche del viernes y rezar para que no apareciera ningún bendito telegrama. Al día siguiente todo era optimismo... no podía haber existido un viernes más feliz que aquel. Cruz reunió a toda la familia y les contó las buenas nuevas. Después, convocó al barrio entero y les informó que estaban invitados a un asado gigante, con música en vivo y bebidas para todos y todos los gustos.

Cuando fueron las 5:00 de la tarde, ya se habían consumido varios barriles de cerveza y muchos kilos de carne asada al carbón. Conforme avanzaba el día, más personas llegaban y la alegría desbordaba. A las 9:00 de la noche el barrio estaba extasiado y la fiesta hervía. La banda de música tocaba sin parar en tarimas improvisadas, el pueblo bailaba y comía, mientras la bebida rodaba sin cesar. A las 10:00 de la noche la mujer de Cruz empezó a preocuparse, pues le parecía que aquello ya era demasiada exageración... pero todo continuaba. La vecina buenota, la apetecida del barrio, ya comenzaba a bailar apretado contra Cruz haciéndole descarados coqueteos. La banda seguía tocando, el volumen aumentaba, la cerveza corría por litros, el pueblo bailaba desaforado, la carne humeaba en las parrillas y era consumida en cantidades...

¡A las 11:00 de la noche Cruz ya era el rey del barrio! Las cuentas de gastos, para divertir y para llenar la barriga del pueblo, a esas alturas ya sumaban cifras gigantes... ¡pero todo sería por cuenta del primer salario! La mujer de Cruz seguía medio afligida, medio preocupada, medio celosa, medio resignada, medio alegre, medio boba y medio asustada.

A las 11:50 y doblando la esquina al final de la avenida, aparece un motociclista vuelto loco, entrando en la calle de la fiesta a toda velocidad y tocando insistentemente el pito de la moto… ¡¡Era el cartero!!

 La fiesta paró en 1 segundo... la banda se silenció al unísono... el primo de Cruz se atraganto con una papa... un borracho eructó... un perro comenzó a aullar... ¡¡Dios mío!! Y ahora... ¿quién va a pagar la cuenta de esta fiesta? "Pobrecito Cruz", era la frase que la multitud murmuraba y se repetían unos a otros. Tiraron unos baldes de agua encima de las parrillas de la carne y hasta los carbones humeantes parecían llorar. Desconectaron los refrigeradores que contenían los barriles de cerveza. Los músicos se bajaron de la tarima. La mujer de Cruz se desmayó cuando la moto del correo paró frente a su casa y preguntó:

—¿El señor Cruz Treviño Martínez de la Garza?

—Sí, sí... sí se... sí señor... soy... soy yo...

La multitud no resistió más, un "¡Oooohhhh!" apesadumbrado se escuchó en todos los alrededores. Algunos comenzaron a recoger sus cosas para retirarse a sus casas. Las mujeres lloraban abrazadas. Los hombres se daban palmaditas de consuelo en los hombros. El mejor amigo de Cruz estrellaba repetidamente su cabeza contra la pared. La vecina buenota se componía la falda y se arreglaba el cabello.

—Telegrama para usted...

Cruz no lo podía creer. Agarró el telegrama con manos temblorosas y los ojos llenos de lágrimas. Irguió la cabeza y miró con valentía y tristeza a toda la multitud que aguardaba expectante. Un silencio total se apoderó del barrio... Respiró profundo y comenzó a abrir el telegrama. Sus manos temblaban y una lágrima se deslizó cayendo sobre el pavimento.

Miró de nuevo a todos los que hacía minutos lo idolatraban; todo era consternación general. Logró sacar el telegrama del sobre, lo abrió y comenzó a leer. El pueblo aguardaba en silencio y se preguntaba: "Y ahora, ¿quién va a pagar toda esta cuenta?"

Cruz comenzó a leer el telegrama. A medida que lo hacía, su rostro cambiaba de expresión y fue quedando muy, muy serio.

Terminó su lectura y se quedó abstraído… ¡mirando hacia la nada!

Levantó de nuevo el papel y volvió a leerlo. Al final dejo caer los brazos, levantó lentamente la cabeza, sacó pecho y miró al pueblo que lo esperaba. Entonces… una sonrisa comenzó a dibujarse lentamente en su rostro. En ese momento comenzó a saltar, a aullar de felicidad, brincando como un niño, abrazándose con los que estaban a su lado en la mayor demostración de felicidad jamás vista, mientras gritaba eufórico:

–¡No pasa nada, se murió mi ama… raza!, ¡ nomás se murió mi ama…!

Aguas con lo que se dice:

Un tipo estaba en la fila del supermercado esperando que le cobraran sus cervezas, cuando una rubia escultural lo saluda agitando la mano, y le lanza una de aquellas sonrisas estremecedoras. El tipo, dudando que sea él el afortunado, mira hacia los lados hasta que se convence que efectivamente es con él. Decidido, deja la fila y se acerca a la bella mujer. Con su voz más varonil y una mirada castigadora le dice suavemente al bombón:

–Disculpa… ¿acaso nos conocemos?

Ella le responde con una sonrisa encantadora:

–Pues… tal vez yo esté equivocada, pero me parece que usted es el padre de uno de mis niños.

El tipo se queda boquiabierto ante tal afirmación mientras su memoria trabaja a mil por hora, intentando recordar los detalles de la única vez que le fue infiel a su esposa. Una vez que recuerda el incidente le dice a la bella rubia:

–¡Oh…! ¡No me diga que usted es aquella stripper que, en la despedida de soltero de mi amigo Jaime, me cogí encima de la mesa de billar, en medio de aquella tremenda orgía, completamente borracho, mientras una de sus amigas me flagelaba jalándome los huevos por detrás y metiéndome un pepino por el culo…!

–Bueno… ¡no exactamente! –responde ella visiblemente avergonzada–, soy la nueva profesora de su hijo.

Un rapidín

Miguel Ángel quería desesperadamente tener sexo con Lulú, chica realmente guapa, verdaderamente ardiente, y compañera de su oficina, pero lamentablemente ella estaba saliendo con alguien más.

Un día Miguel se sentía tan frustrado que fue hacia ella y le dijo:

–Te doy mil pesos si me dejas hacerte el amor.

Lulú lo miro y luego dijo:

–¡No!'

Miguel respondió:

–No te preocupes, lo haré súper rápido. Mira, te pondré el dinero en el piso, y mientras tú te agachas yo trataré de hacerte el amor y me dentendré una vez que hayas terminado de levantar todo el dinero.

Ella lo piensa por un momento y le dice que lo consultará con su novio Fernando. Minutos más tarde le habla y le explica la situación. Su novio, medio encabronado, le dice:

–¡Pídele 2 mil y recoge el dinero lo más rápido que puedas! ¡Ni siquiera le dará tiempo de bajarse los pantalones…!

Ella está de acuerdo y acepta la proposición. Pasa media hora y Fernando está esperando la llamada de Lulú... Finalmente, después de hora y media, el novio la llama al celular y le pregunta:

–¿Qué pasó?

Ella, todavía con la respiración muy agitada alcanza a responderle:

–Pues… he… Ah… ¡Aquí me tiene todavía, bien ensartada!

–¿Cómo? … ¡Me lleva la…! Pues… ¿qué fue lo que pasó?

–¡El maldito me tiró puras monedas de a peso!

El oso y el conejo

Un oso y un conejo se odiaban a muerte. Cada vez que se veían se decían de todo y se tiraban cosas, eso sí, el conejo se mantenía a distancia por razones obvias. Un buen día, mientras mantenían una de sus disputas apareció un hada del bosque y les dijo:

–Todo el pinche bosque está hasta la madre de sus chingadas peleas cabrones, no dejan dormir a nadie, así que les voy a conceder tres deseos a cada uno a condición de que nunca volverán a pelear.

Los dos aceptaron, no sin antes romperse la madre por quién empezaría a pedir deseos. Por fin terminaron y empezó el oso:

—Quiero que todos los osos del bosque sean hembras.

El conejo pidió su primer deseo:

—Quiero un casco de moto.

El hada, un poco sorprendida, le concedió el deseo. El oso pidió su segundo deseo:

—Quiero que todos los osos del país sean hembras.

Y el hada le dijo:

—Parece que no quieres aburrirte ¿verdad?, cabrón promiscuo... en fin, deseo concedido. Tu turno conejo...

El conejo pidió:

—Quiero una moto

EL hada aceptó viendo que su idea funcionaba y tenía un fin.

—¡Mi turno! —dijo el oso.

Y ni corto ni perezoso pidió que TODOS los osos del mundo fuesen hembras. El hada le dijo:

—Se te va a poner morada cabrón, vas a ser el único entre todas las mujeres, pero en fin, concedido. Venga conejo, tu turno...

—Mi último deseo es... —dijo el conejo colocándose el casco y arrancando la moto... —¡que el pinche oso sea puto!

¿Cómo funciona México?

Un maestro en una escuela les deja como tarea a sus alumnos investigar de qué manera funciona el país. Por la tarde, al llegar a casa, uno de los niños pregunta:

—Papa, ¿cómo funciona México?

—Te lo voy explicar con un ejemplo, toma tu cuaderno y escribe: "mi papá es el gobierno, porque en la casa manda él. Mi mamá es la ley, porque ella impone el orden. Mi abuela es la prensa, porque está enterada de todo. La criada es el pueblo, porque hace el trabajo duro. Yo soy la juventud, y mi hermanito es la esperanza del mañana". Ahí está, ya tienes tu tarea resuelta.

A medianoche, el niño se levanta al baño, escucha ruidos en el cuarto de servicio y sorprende a su padre con la criada. Asustado corre al cuarto de su madre y la encuentra dormida. Va a la habitación de su abuelita pero ésta se encuentra viendo la televisión. Al volver a su habitación encuentra a su hermanito con el pañal sucio y exclama con asombro:

—¡Ahora entiendo todo! ¡El gobierno chingándose al pueblo, la ley dormida, la prensa perdiendo el tiempo en pendejadas, la juventud desorientada y la esperanza del mañana hecha mierda!

El idioma español es machista

Zorro: Héroe justiciero

Zorra: Puta

Perro: Mejor amigo del hombre

Perra: Puta

Aventurero: Osado, valiente, arriesgado.

Aventurera: Puta

Ambicioso: Visionario, enérgico, con metas

Ambiciosa: Puta

Cualquier: Fulano, mengano, zutano

Cualquiera: Puta

Regalado: Participio del verbo regalar

Regalada: Puta

Callejero: De la calle, urbano.

Callejera: Puta

Hombrezuelo: Hombrecillo, mínimo, pequeño

Mujerzuela: Puta

Hombre público: Personaje prominente. Funcionario público.

Mujer pública: Puta

Hombre de la vida: Hombre de gran experiencia.

Mujer de la vida: Puta

Atorrante: Adjetivo que indica simpatía y viveza.

Atorranta: Puta

Rápido: Inteligente, despierto.

Rápida: Puta

Puto: Homosexual

Puta: Puta

Patrimonio: Conjunto de bienes

Matrimonio: Conjunto de males

Héroe: Ídolo.

Heroína: Droga.

Atrevido: Osado, valiente.

Atrevida: Insolente, mal educada.

Soltero: Codiciado, inteligente, hábil.

Soltera: Quedada, lenta, ya se le fue el tren.

Suegro: Padre político.

Suegra: Bruja, metiche, etc.

Machista: Hombre macho.

Feminista: Lesbiana.

Don Juan: Hombre en todo su sentido.

Doña Juana: La mujer de la limpieza.

Dios: Creador del universo y cuya divinidad se transmitió a su hijo varón por línea paterna.

Diosa: Ser mitológico de culturas supersticiosas, obsoletas y olvidadas.

Confusión

—Doctor me siento mal, todo me da vueltas, además me arde el corazón.

—Mire señora, primero yo no soy doctor sino cantinero; segundo, usted no está enferma sino hasta la madre de peda; y en tercer lugar, no le arde el corazón, tiene una teta en el cenicero.

Mujeres

Había un tipo que trabajó como un burro toda su vida para acumular fortuna, lo único que le importaba era el dinero. Un día le dijo a su esposa:

—El día que me muera, quiero que me entierres con todo mi dinero. ¿Me lo prometes?

La mujer, con profundo pesar, no tuvo otra alternativa que decirle que sí. El tipo murió y después de la ceremonia, antes de bajar el ataúd a la fosa, la esposa dijo:

—Un momento, falta algo.

Tomó una cajita que traía en la mano, abrió el ataúd, y la puso adentro. Su mejor amiga se le acercó y le dijo al oído:

—No creo que hayas sido tan bruta de haber cumplido la promesa.

La leal esposa contestó:

—Yo soy católica y no podía romper la promesa a su última voluntad.

—¿Y le pusiste todo el dinero ahí?

—Hasta el último centavo... tome todo el dinero, lo conté, lo deposité en mi cuenta y le giré un cheque por la cantidad exacta, si el hijo de la chingada lo puede cambiar desde donde está, ¡pues que se lo gaste!

Los tamales regiomontanos

Un hombre estaba acostado en su cama, en estado terminal, le quedaban pocas horas de vida. De repente huele el aroma de los tamales recién hechos, calientitos. Para él no había nada mejor en el mundo que los tamales de su mujer Chepa. Haciendo un esfuerzo sobrehumano, baja las escaleras y, digiriéndose al comedor, empieza a percibir el vapor que lleva el aroma a masa de maíz, carne de puerco y de pollo que desde la cocina emanaba. Llega hasta la mesa de madera donde se encontraban extendidos los suculentos tamales y toma uno, viendo que sus esfuerzos habían valido la pena, cuando, repentinamente, siente un fuerte golpe en la cabeza que merma sus facultades y lo hace presa de la debilidad en sus piernas. Tratando de no desplomarse al suelo hace por voltear la vista, alcanza a ver a su mujer con un cucharón de hierro en la mano, diciéndole:

–Ni se te ocurra pendejo… ¡son pa'l velorio!

Pesadilla

"Aanoche tuve una pesadilla… una pesadilla terrible… en la pesadilla, cuando me levanto de la cama y me miro al espejo, descubro... que soy negro, que digo negro, soy casi morado. Hecho de la chingada meto la mano al bolsillo para ver mi foto en la credencial del IFE y me sale el mismo color. Busco el pasaporte y la foto también es negra y, para colmo, descubro que soy tlaxcalteca. Dios mío... no puede ser.

Me siento en una silla hecho pedazos y, ah cabrón, veo que tengo una pierna de plástico, y la silla es de ruedas, lo que significa que, además de ser negro y tlaxcalteca, también soy un discapacitado. !¿Qué es esto?¡, es imposible que yo sea todo esto. Alguien por atrás me toca y me dice que me calme... Era Charly, mi novio. Lo que me faltaba: también soy homosexual... y además con SIDA, según dice mi cartilla de salud...

¡Carajo, en medio de toda esta desgracia, busco mi jeringa...! ¡Señor, no es posible! ¡¿Negro, tlaxcalteca, discapacitado, homosexual, seropositivo y fármaco-dependiente?! Suena el teléfono y es mi hermana Chayito que me dice "¡desde que murieron mamá y papá, lo único que haces es drogarte y quedarte ahí tirado, sin nada qué hacer en todo el día! ¡Búscate cualquier trabajo, el que sea". Efectivamente, también soy huérfano y, para acabarla de joder, un huevón.

Intento explicar a mi hermana lo difícil que es encontrar un trabajo, el que sea, cuando se es negro, tlaxcalteca, discapacitado, puto, drogadicto, seropositivo y huérfano, pero no lo consigo, porque... porque también soy mudo. Trastornado, cuelgo el teléfono con la única mano que tengo... ¡uh que la chingada, soy manco! Bueno, el caso es que, con lágrimas en los ojos, me acerco a la ventana a mirar el pasaje.

Hay montones de patrullas y varias vecindades alrededor, frente a mi ventana hay una barda que dice: "viva Tepito"... siento una puñalada en el marcapasos: ¡no mames!, además de negro, tlaxcalteca, discapacitado, puto, drogadicto, seropositivo, huérfano, mudo, manco y cardiaco, vivo en Tepito. En ese momento se me acerca mi novio Charly, quien con lágrimas recorriéndole el rostro me dice con voz aguda y quebrada: 'Cariño, no te preocupes… veras que este año, Emilio Azcárraga nos va hacer campeones…' ¡Puta madre… lo que faltaba! ¿También soy americanista?"

Celulares

Llega un ranchero bien enojado y avienta su celular a la pared para que se rompa. Llega su esposa muy asustada y le pregunta:

–¿Qué te pasa viejo, por qué vienes tan enojado?

–¡Pinche pueblo!, ¿para qué quiero un celular si aquí todos están bien jodidos?, el único aquí modernizado soy yo, ¡estoy harto de tener amigos tan jodidos!

–¿Por qué lo dices, viejo? –le pregunta su vieja.

–Cada vez que le hablo a un compa me dice: "el saldo de tu amigo se ha agotado", ¡jodidos!

El loco y la loca

Una loca se divierte corriendo en su silla de ruedas a lo largo y ancho del pasillo de un manicomio, imitando ruidos de coches de carrera.

De repente sale un loco de una habitación, la detiene y le dice:

–Disculpe señorita, pero excedía usted el límite de velocidad permitido en esta avenida. ¿Puedo ver su licencia?

La loca se pone a buscar en su bata y saca un boleto de colectivo usado. El loco verifica el documento, se lo devuelve y, después de advertirle sobre los peligros del exceso de velocidad, la deja seguir. La loca reemprende su particular 500 millas de Indianápolis y, al pasar otra vez ante la habitación del loco, éste surge de nuevo. Vuelve a detenerla y dice:

–Disculpe señorita, pero he visto cómo pasaba la doble línea continua. ¿Le importaría mostrarme su tarjeta de circulación?

La loca revuelve otra vez en sus bolsillos y exhibe una apolillada cuenta del supermercado. El loco comprueba que los papeles están en regla, vuelve a amonestarla y deja que se vaya otra vez. La loca se lanza de nuevo a toda velocidad por los pasillos... Y, al volver a pasar por el mismo sitio, el loco emerge por tercera vez de su habitación, pero ahora totalmente desnudo y con una tremenda y enorme erección. La loca lo ve y exclama:

–¡Ay, no!... ¿Otra vez la prueba del alcoholímetro…? ¡No!...

Unos breves...

Copiar de un artículo se llama plagio, copiar de un libro se llama tesina, y copiar de muchos libros se llama tesis doctoral.

+ + +

Un día hubo una reunión de científicos hablando sobre el problema de la superpoblación, y los más optimistas pensaban que en el año 2050 tendremos que comer mierda. ¡Caramba!, ¿entonces qué es lo que pensaban los pesimistas? Que no habrá mierda para todos.

+ + +

En realidad los aviones con un solo motor son planeadores, y la hélice no es más que un ventilador. Si no lo crees, quítala y verás como el piloto empieza a sudar.

+ + +

Dos pulgas (científicas) entre sí:

–¿Crees que habrá vida en otros perros?

+ + +

¿Quién es la patrona de los informáticos?

Santa Tecla

Informáticos...

Un médico, un ingeniero y un informático están charlando sobre cuál de sus profesiones es la más antigua. Empieza el médico:

–Pues mira, la Biblia dice que Dios creó a Eva de una costilla de Adán; esto obviamente requiere cirugía, y por lo tanto la medicina es la profesión más antigua.

El ingeniero replica:

—Sí, bueno, pero antes de eso, la Biblia dice que Dios separó el orden del caos; ésta fue obviamente una obra de ingeniería.

El informático se echa para atrás en la silla y dice sonriendo tranquilamente porque sabe que ha ganado esa mano:

—Sí, pero ¿cómo crees que Dios creó el caos?

✣ ✣ ✣

Un físico, un químico y un programador van en un coche por la carretera. De repente, el coche comienza a hacer un ruido extraño. Paran el coche, y dejando el motor en marcha elucubran sobre lo que sucede mirando el motor. El físico dice:

—Evidentemente, hay un problema de rozamiento entre los pistones, de ahí el ruido.

El químico replica:

—De eso nada, el ruido es debido a que la gasolina está mal mezclada.

El programador va y dice:

—¿Por qué no lo apagamos, lo encendemos, lo apagamos, lo encendemos...?

✣ ✣ ✣

Un informático despistado va a una conferencia, y está en el hall del hotel con las maletas. Su esposa no confía en él para hacer el papeleo del hotel, así que le dice:

—Mira, yo voy a firmar en el libro de registro, conseguir la llave y todas esas cosas; tú quédate aquí vigilando las diez maletas.

Cuando vuelve, el marido la dice:

—Oye, no lo entiendo, nadie nos ha robado ninguna maleta, pero sin embargo tenemos nueve.

−¿Qué dices? ¡Hay diez!

−No, mira, cuéntalas; 0, 1, 2,...

Un técnico en electrónica, un analista de sistemas y un programador de ordenadores van en un coche, descendiendo una montaña, cuando les fallan los frenos; el coche empieza a embalarse, los ocupantes empiezan a gritar, víctimas del pánico, pero afortunadamente consiguen detener el coche justo a unos centímetros de un precipicio de 500 metros de altura. Salen del coche, respiran, y el técnico en electrónica dice, con la mano temblando todavía:

−Creo que puedo arreglar el coche.

El analista de sistemas contesta:

−Creo que lo mejor sería llamar a una grúa, remolcarlo hasta el pueblo y que lo viese un experto.

El programador sugiere:

−De acuerdo, pero ¿por qué no retrocedemos antes, volvemos a bajar la montaña, y vemos si los frenos se vuelven a estropear?

Matemáticas...

−¡Papá, papá!, ¿me haces el problema de matemáticas?
−No hijo, no estaría bien.
−Bueno, inténtalo de todas formas.

Si estás haciendo el amor con dos mujeres, y entonces entra la tuya en el dormitorio, ¿cuántas mujeres tienes?

R. Ninguna.

+ + +

Si tienes seis amantes y dos amigos, ¿cuántas amantes tiene cada uno de tus amigos?

R. Ninguna, obviamente.

+ + +

¿Es tres un número impar?

R. Probablemente, pero a esta edad ya no importa.

+ + +

Si un pene de 15 centímetros atrae a 10 mujeres, ¿a cuántas atraerá uno de 30 centímetros?

R. A varios millones.

+ + +

Si te vas a la cama 9 horas antes de levantarte, y tu esposa quiere hacer el amor contigo durante dos horas, ¿cuánto tiempo dormirás?

R. Ocho horas y 50 minutos.

Genial

La señora, medio dormida en su cama, escucha cuando llega su marido del trabajo, se voltea y empieza a conciliar el sueño.

De repente, siente cómo él la acaricia suavemente, casi de manera furtiva, recorriendo suavemente la periferia de su cuerpo.

Empieza a sentir cómo su cuerpo reacciona inmediatamente a las caricias.

El marido, con mucha suavidad, toma sus delicadas manos y las recoge, mete una de sus manos por su espalda y llega atrevidamente hasta sus redondeces.

Para este momento la señora está que arde, jadeante y deseosa de ser tomada por su marido. Entonces, sus piernas son abruptamente levantadas.

La mujer siente que la pasión perdida por años ha regresado y le encanta sentir cómo su hombre apoya sobre ella todo su peso.

La enerva sentir en su nuca el aliento cálido de su marido. Ella se prepara, levanta las caderas; separa y flexiona sus piernas y se dispone a ser tomada… cuando de pronto, su marido suelta sus piernas, gira sobre sí mismo y se acomoda en su lado de la cama.

La mujer, asombrada y respirando hondamente pregunta:

–¿Qué pasó?

Y él responde:

–Ya.

–¿Ya qué, ¡grandísimo cabrón!?

–Ya duérmete, mi cielo. Ya encontré el control remoto…

Silogismos

Silogismo 1:

Beber alcohol mata a las neuronas; las neuronas que mueren son las más débiles; si mueren las más débiles quedan las más fuertes e inteligentes.

Conclusión: cuanto más alcohol bebo más inteligente me hago.

Silogismo 2:

Cuando bebemos alcohol en exceso acabamos borrachos; cuando estamos borrachos dormimos; mientras dormimos no cometemos pecados; si no cometemos pecados vamos al cielo.

Conclusión: para ir al cielo hay que ser un borracho.

Silogismo 3:

Hoy en día los trabajadores no tienen tiempo para nada. Sin embargo, sabemos que los vagos tienen todo el tiempo del mundo. El tiempo es dinero. Por tanto, los vagos tienen más dinero que los trabajadores.

Conclusión: para ser rico no hay que trabajar.

Silogismo 4:

Imagínate un trozo de queso suizo todo lleno de agujeros, cuanto más queso más agujeros. Cada agujero ocupa el lugar en el que debería haber queso, por lo tanto, cuanto más agujeros menos queso. Cuanto más queso, más agujeros y cuanto más agujeros menos queso.

Conclusión: cuanto más queso menos queso.

Silogismo 5:

Pienso, luego existo. Las mujeres tontas no piensan, por tanto, las mujeres tontas no existen. Mi amigo dice que no es gay porque sale con una mujer inteligente. Si una mujer inteligente saliese con mi amigo sería una tonta, y como las mujeres tontas no existen, mi amigo no sale con nadie.

Conclusión: mi amigo es puñal.

Silogismo 6:

A quien madruga Dios le ayuda. Quien madruga duerme por la tarde; quien duerme por la tarde no duerme por la noche; quien no duerme por la noche sale de parranda.

Conclusión: Dios ayuda a los que salen de parranda.

Silogismo 7:

Dios es amor. El amor es ciego. José Feliciano es ciego.

Conclusión: ¡José Feliciano es Dios!

Silogimso 8:

Siempre me dicen que soy un don nadie. Nadie es perfecto. Entonces, yo soy perfecto. Pero sólo Dios es perfecto; o sea... yo soy Dios... pero... si José Feliciano es Dios, ¡yo soy José Feliciano! ¡Maldita sea!... ¡soy ciego!

Feminismo puro

¿Cuál es la diferencia entre disolución y solución?

Disolución: Meter a un hombre en una bañera con ácido.

Solución: Meterlos a todos.

¿Por qué los hombres las prefieren vírgenes?

Porque no toleran las críticas...

✛ ✛ ✛

¿Para qué se masturban los hombres?

Para tener sexo con alguien que aman...

✛ ✛ ✛

¿Cuánto tarda un hombre en cambiar un rollo de papel higiénico?

No se sabe, nunca ha pasado...

✛ ✛ ✛

¿Qué diferencia hay entre un vibrador y un hombre?

Que el hombre tiene tarjeta de crédito...

✛ ✛ ✛

¿Qué hace el hombre después de hacer el amor?

Molesta...

✛ ✛ ✛

¿Por qué Dios primero creó al hombre y después a la mujer?

Porque los experimentos primero se hacen con ratas y después con personas...

✛ ✛ ✛

¿En qué se parecen los hombres a los caracoles?

En que son babosos, tienen cuernos y se creen los dueños de la casa.

✛ ✛ ✛

¿Por qué los chistes de mujeres siempre ocupan 2 líneas?

Para que los entiendan los hombres...

✦ ✦ ✦

¿En qué se parecen los dinosaurios a los hombres inteligentes?

En que los 2 se extinguieron...

✦ ✦ ✦

¿Cómo elegirías a los 3 hombres más tontos del mundo?

Al azar...

✦ ✦ ✦

¿Por qué son mejores las pilas que los hombres?

Porque al menos tienen un lado positivo...

✦ ✦ ✦

¿En qué se parece un hombre a una telenovela?

Justo cuando las cosas empiezan a ponerse interesantes, el episodio se acaba...

✦ ✦ ✦

¿Qué tienen en común los aniversarios de boda, el punto G y un inodoro?

Los hombres no aciertan con ninguno...

✦ ✦ ✦

¿Por qué hacen falta millones de espermatozoides para fertilizar un óvulo?

Porque los espermatozoides son masculinos y se niegan a preguntar el camino...

¿En qué se parece un hombre a un microondas?

En que al principio piensas que sirve para todo, y al final sólo para calentar...

Dios llama a Adán y le dice:

—Tengo una noticia buena y una mala.

—La buena primero —contesta Adán.

Dios responde:

—Te voy a hacer 2 regalos, un cerebro y un pene.

—Fantástico, ¿y la mala?

—Que no tendrás la suficiente sangre para hacer funcionar los 2 al mismo tiempo.

Conclusión:

El 99% de los hombres les da una mala reputación al resto...

Modernidad

Una pareja musulmana "moderna", preparando el casamiento religioso, visita a un Mullah buscando consejo. Al final de la entrevista, el Mullah pregunta si tienen alguna duda más, antes de que se vayan. El joven, medio temeroso, comenta:

—Nosotros sabemos que es una tradición del Islam que los hombres bailen con los hombres y que las mujeres bailen con mujeres. Pero, en nuestra fiesta de casamiento, nos gustaría su permiso para que todos bailen juntos...

—¡Absolutamente, no! —grita el Mullah— Es inmoral... ¡hombres y mujeres siempre deben bailar separados!

—Entonces, después de la ceremonia, ¿no puedo bailar ni con mi propia esposa?

—¡No! —responde el Mullah— ¡Está prohibido y es inmoral en el Islam!

—Está bien... ¿Y relaciones? ¿Podemos finalmente hacer el amor?

—Por supuesto. ¡Alá es grande! En el Islam el casamiento lo permite. ¡Tengan muchos hijos! —responde el Mullah.

—Y... bien... digamos... ¿posturas diferentes...? —pregunta el joven, con cierto temor.

—No hay problema. En el Islam el casamiento lo permite —dice el Mullah.

—¿Y la mujer arriba?

—¡Claro! Alá es Grande.

—¡Puede hacerlo! Y... ¿a la francesa, el 69, de lado, de abajo y de a perrito, la posición de la mula muerta, la tortuga, la carretilla, la lagarta dormida, la patilla de ángel, cosacos al trote, paletero en bajada, la tijereta invertida?

Y el Mullah responde:

—En el Islam el casamiento lo permite

—Y... ¿a la rusa, la carcajada de la momia, el beso del payaso, el vuelo de la paloma, el beso negro, el sifón, el teléfono chino, gallina buscando a sus pollitos, patilla de afilador, canto de cama, Mazinyer patojo?

Y el Mullah responde:

–En el Islam el casamiento lo permite.

–Y... ¿el salto del ángel, el pollito pastando, la palomita tomando agua, por el camino de tierra, candelita chorreada, culebra de dos cabezas, fusilamiento nazi, ensalada griega?

Y el Mullah sólo responde:

–Sí, sí... en el Islam el casamiento lo permite.

–Y... ¿puedo hacer que mi esposa interprete la 5a. Sinfonía de Beethoven en un solo de flauta?

Y el Mullah responde:

–Sí, sí, todo sea por la gloria de Alá. ¡Alá es inmenso en su amor!

–¿Puedo hacerlo, entonces, con mis cuatro esposas juntas, en colchones de agua, perfumes exóticos, con una botella de aceite caliente, algunos vibradores, crema de chantillí, salchichones, dulce de fresas, accesorios de cuero, plumas, látigo, un bote de miel y videos triple X?

–¡Puede, por supuesto! ¡Alá es Grande! –responde el Mullah.

–¿Y lo podemos hacer de pie?

–¡¡¡No!!! ¡De ninguna manera! –exclama el Mullah, indignadísimo, con el rostro totalmente desencajado

–¿Y... por qué no? –tartamudea sorprendido el joven.

–Porque se podrían entusiasmar... ¡y terminar bailando!

Descubrimientos

El hombre descubrió el vidrio e inventó la botella. La mujer descubrió el vidrio e inventó el espejo.

El hombre descubrió la baraja y ahí mismo inventó el juego. La mujer descubrió la baraja e invento la brujería.

El hombre descubrió la palabra e invento la conversación. La mujer descubrió la conversación y ahí mismo invento el chisme.

El hombre descubrió el dinero e invento el comercio. La mujer descubrió el comercio e invento el crédito.

El hombre descubrió la comida e inventó el almuerzo. La mujer descubrió el almuerzo e inventó la empleada doméstica.

El hombre descubrió la combustión interna e inventó el carro. La mujer descubrió el carro e inventó los choques.

El hombre descubrió la amistad e inventó las reuniones. La mujer descubrió las reuniones e inventó los celos.

El hombre descubrió la mujer e inventó el sexo. La mujer descubrió el sexo e inventó el matrimonio… ¡y desde entonces el hombre prefirió no inventar ya ni madres!

Perro americanista:

Estaban dos compadres platicando cuando en eso sale un perro agresivo y encabronado de a madre, tirando mordidas al aire y la chingada... Entonces un compadre le pregunta al otro:

–Oye compadre, ¿qué onda con tu pinche perro?

El otro compadre le contesta:

–No'mbre compadre, lo que pasa es que el méndigo animal salió americanista de corazón... El guey se pone a ver en la tele todos los partidos del América...

–¿Y luego? ¿Por qué anda tan agresivo el cabrón?

–Ah, pos lo que pasa es que cuando pierde el América, se pone así como fiera, como endemoniado el hijo'ela chingada... es más... ni te vistas de roji-blanco porque seguro te carga el payaso...

–Órale compadre, que interesante... Oye... ¿y qué pasa cuando empatan?

–No, pues se pone medio agüitado, medio traicionero... de repente mueve la cola, de repente muerde... como las viejas cada 28 días...

–Oye compadre, ¿y qué hace el perro cuando gana el América?

–Ah, no compadre... no sé... ¡¡¡¡apenas tengo un año con él!!!!

Fin